Busch/Zöller Fußball in Schule und Verein

Busch/Zöller

Fußball in Schule und Verein

200 Spiel- und Übungsformen
6. Auflage

Limpert

Herbert Zöller
Kirschenweg 9
72076 Tübingen

Die Ratschläge in diesem Buch sind von den Autoren und vom Verlag sorgfältig erwogen und geprüft, dennoch kann eine Garantie nicht übernommen werden. Eine Haftung der Autoren bzw. des Verlages und seiner Beauftragten für Personen-, Sach- und Vermögensschäden ist ausgeschlossen.

CIP-Titelaufnahme der Deutschen Bibliothek

Busch, Wilhelm:
Fußball in der Schule / Busch ; Zöller. – 6., völlig neu bearb. Aufl. – Wiesbaden : Limpert, 1993
ISBN 3-7853-1324-1
NE: Zöller, Herbert [Bearb.]

6., völlig neu bearbeitete Auflage 1993

Umschlag: Hartmut Sattler/Klaus Neumann
Titelbild: Volker Minkus, Isenhagen
Zeichnungen: Karlheinz Grindler, Leinfelden
Layout: Hartmut Sattler
Gesamtherstellung: Allgäuer Zeitungsverlag GmbH, Kempten
Printed in Germany/Imprimé en Allemagne
ISBN 3-7853-1324-1

Inhalt

Vorwort

Mit dieser nochmaligen Überarbeitung und Erweiterung soll Wilhelm Buschs „Fußball in der Schule" in die 6. Auflage gehen. Sie entspricht nun den neueren Vorgaben und Lehrplänen der Schule und berücksichtigt das veränderte Regelwerk des Fußballs.

Geblieben ist die Systematik des Buches mit der **Grundausbildung** und deren bisherigen Einteilung der technischen und taktischen Fertigkeiten und den Spielen und **Übungen für Fortgeschrittene** (Neigungsgruppen). Geblieben ist auch das Prinzip der „spielerischen Vermittlung" und das Bevorzugen fußballähnlicher Kleinspielformen. So konnte die **Anzahl der Spiel- und Übungsformen mehr als verdoppelt** werden, so daß sowohl die für den Sportunterricht nicht ausgebildete Grundschullehrerin als auch der Fachlehrer in der Mittel- und Oberstufe ein vielfältiges und abwechslungsreiches Angebot finden werden. Grundausbildung und Fortgeschrittenenausbildung werden ergänzt durch Spiel- und Übungsformen zur Konditionsschulung. Damit soll die Bedeutung der körperlichen Belastung im Schulsport nochmals hervorgehoben werden.

Der Schlußabschnitt „Schülerwettspiele und Turniere" weist neben der Beschreibung der veränderten schulischen Wettkampfformen („Jugend trainiert für Olympia") insbesondere auf die Bedeutung und die Möglichkeit der **Zusammenarbeit von Schule und Sportverein** hin. Das Fußballspiel, das im außerunterrichtlichen Angebot der Schule einen hohen Stellenwert hat, kann hier eine Brücke zwischen Schulsport und außerschulischem Sport (Verein) bilden. Deshalb soll dieses Buch nicht nur Hilfe und Anregung für den/die Lehrer/-in in der Schule, sondern auch für den Übungsleiter und Jugendtrainer im Verein sein.

Tübingen 1993
Herbert Zöller

Einführung

Der Reiz des Spiels

Fußball gehört wie Basketball, Handball, Volleyball und Hockey zu den großen Mannschaftsspielen, die in den Lehrplänen für den Sportunterricht der Schule fest verankert sind. Wer aber die Begeisterung für die großen Fußballspiele gerade der Acht- bis Zehnjährigen erlebt, wie sie unter deren Faszination stehen, wie sie sich ihre lebendigen Vorbilder wählen und deren Rollen in ihrem Spiel nachzuahmen versuchen, muß erkennen, daß das Fußballspiel das beliebteste Ballspiel für Schüler in diesem Alter ist. Übrigens: Auch Mädchen wollen und können Fußball spielen!

Worin liegt der Reiz des Spiels?

Fußball zählt zu den Sportspielen mit **vielseitigen Leistungsanforderungen.** Es verlangt körperliche Kräfte, technische Fertigkeiten und taktische Fähigkeiten, die es den unterschiedlichsten „Spielertypen" ermöglichen, erfolgreich zu sein. Nicht immer gewinnt der Stärkere und Größere, häufig setzt sich auch der kleine Techniker oder der listige Taktiker durch, obwohl gerade das Regelwerk des Fußballspiels, wie kaum ein anderes, den körperlichen Einsatz zuläßt. Fußball ist in erster Linie jedoch ein **Mannschaftsspiel.** Wenn der Torwart einen gegnerischen Torschuß bravourös abwehrt und anschließend den Ball rasch zu seinem Mittelfeldspieler wirft, dieser mit einer gekonnten Täuschung seinen Gegenspieler aussteigen läßt und eine maßgerechte Flanke zu seinem Mittelstürmer schlägt, dieser wuchtig einköpft, so führen diese gekonnten Einzelleistungen nur in der Summe zum Erfolg, Erfolg oder Mißerfolg entstehen im Fußball immer nur im Zusammenwirken aller.

Fußball ist aber auch immer ein Spiel gegen eine Mannschaft. In einer Auseinandersetzung mit dem Gegner werden **soziale Verhaltensweisen** wie Fairneß, Hilfsbereitschaft, Respekt und Anerkennung ebenso erprobt wie charakterliche Schwächen und soziales Fehlverhalten vielfach aufgezeigt werden können. Mit seinen vielfältigen Herausforderungen ist Fußball ein ideales Spiel für Kinder, um wichtige Aufgaben und Ziele in der Erziehung zu erfüllen.

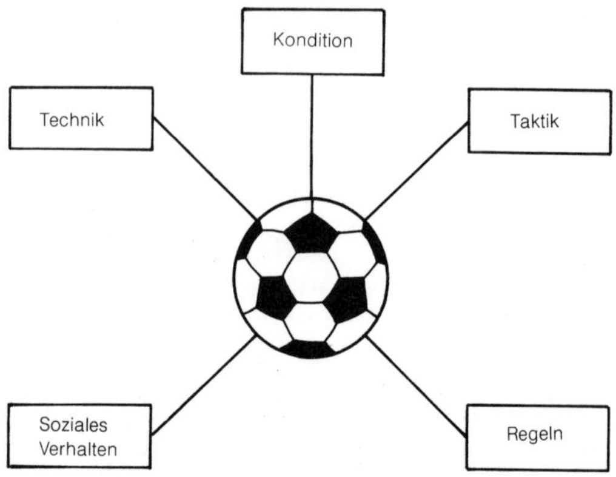

Abb. 1: Anforderungen des Fußballspiels

Aufgaben und Ziele

Die Kultusministerien der Länder haben zu Recht das Fußballspiel in ihre Lehrpläne aufgenommen. Sie erwarten, daß der Fußball einen Teil dazu beiträgt, „... den jungen Menschen in seinen Anlagen und Fähigkeiten durch Bewegung, Spiel und Sport zu fördern, Freude an sportlichen Aktivitäten zu wecken und zu erhalten, zur sportlichen Betätigung während und nach der Schulzeit anzuregen und die dazu notwendigen Fertigkeiten, Fähigkeiten und Kenntnisse zu vermitteln" (‚Der allgemeine Bildungs- und Erziehungsauftrag', aus: MINISTERIUM FÜR KULTUS UND SPORT IN BADEN-WÜRTTEMBERG (Hg.): Bildungsplan Sport. Stuttgart 1984).

Das Fußballspiel wird, wie kaum ein anderes Sportspiel, diesem Auftrag gerecht. Es verlangt **technische Fertigkeiten**, die für ein erfolgreiches Spielen erforderlich sind. Die Abbildung 2 zeigt in der Übersicht die wesentlichen Fußballtechniken mit und ohne Ball, die in der Grundausbildung gelernt und geübt werden sollen. Dabei genügt für Anfänger zunächst der Erwerb der Grobform dieser Fertigkeiten, die durch kontinuierliches Üben und Spielen in der Fortgeschrittenenausbildung gefestigt und verfeinert werden. Erfolgreiches Fußballspielen erfordert auch **taktische Fähigkeiten**. Sie sind bei jüngeren Schülern schwieriger zu vermitteln, weil diesen häufig noch Voraussetzungen wie z.B. ‚räumliches Sehen' oder ‚Antizipationsfähigkeit' fehlen. Die taktische Schulung setzt zwar (eher indirekt) schon in der Grundausbildung ein, sie wird aber vor allem in den Übungen und Spielen für Fortgeschrittene aufgenommen und vertieft. Die **Kenntnis der wichtigsten Fußballregeln** und vor allem ihre richtige Anwendung ist ebenfalls von Bedeutung. Sie werden (fast unbewußt) beim Üben und Spielen erlernt, können aber auch gezielt als „Hausaufgabe aufgegeben werden (vgl. hierzu den Regelanhang auf S. 86f.) Technische Fertigkeiten und taktische Fähigkeiten werden im Fußball erst dann wirkungsvoll eingebracht, wenn die **konditionellen Voraussetzungen** gut entwickelt sind. Vor allem vielseitige Ausdauer, Antrittsschnelligkeit und Zweikampfstärke (Geschicklichkeit, Kraft) sind gefragt, deren Schulung nicht zuletzt auch für die körperliche Entwicklung notwendigen Bewegungsreize sorgt. Übungen und Spiele zur Technikschulung fördern die Koordination. Deshalb ist dieser Aspekt sowohl in der Grundausbildung wie bei den Fortgeschrittenen schon berücksichtigt. Um seine Bedeutung jedoch gerade für das Fußballspiel zu unterstreichen, wird im Anschluß an diese beiden Kapitel ein Abschnitt „Spiel- und Übungsformen zur Konditionsschulung" angefügt.

Das Fußballspiel erzieht als Mannschaftssportart zur gegenseitigen Hilfe und Zusammenarbeit. Auch der stärkste Spieler ist auf die Hilfe schwächerer Mitspieler angewiesen, wie, umgekehrt, der Stärkere dem Schwächeren zu Erfolgserlebnissen verhelfen kann, die diesem sonst versagt blieben. **Soziales Verhalten** kann im Fußball schon früh eingeübt und soziales Fehlverhalten aufgezeigt werden.

Vorgaben der Lehrpläne

Auf der Grundlage dieses allgemein umrissenen Bildungs- und Erziehungsauftrags des Schulsports wird in den Einzellehrplänen die inhaltliche Gestaltung differenzierter vorgegeben.

So gibt z.B. der Lehrplan für die Grundschulen in Baden-Württemberg vor, daß der **„Sportunterricht in den Klassen 1 und 2** nicht nur auf den Erwerb sport-spezifischer Fertigkeiten und Fähigkeiten ausgerichtet sein darf", und daß „das Erlernen, Festigen und Vertiefen sportartspezifischer Fertigkeiten erst **in den Klassen 3 und 4** zunehmend zu einem zentralen Anliegen des Unterrichts wird".

Die Lehrpläne der weiterführenden Schulen in Baden-Württemberg bauen auf dieser in der Grundschule behutsam begonnenen Spezialisierung auf. Der Lehrplan für das Gymnasium **in den Klassen 5 und 6** sieht das „spielnahe Heranführen der Schüler in Kleingruppen an Fußball als Mannschaftsspiel" vor, strebt **in den Klassenstufen 7 und 8** „das Spiel in größeren Mannschaften, nach Möglichkeit 11 gegen 11" an, nennt die „Festigung und Erweiterung der technischen Fertigkeiten und taktischen Fähigkeiten für das regelgerechte Sportspiel (11 gegen 11)" als Ziel **in den Klassen 9 und 10** und sieht **in der Oberstufe**, „neben der Festigung und Erweiterung bisher erworbener Fertigkeiten, den Schwerpunkt in der Weiterentwicklung des taktischen Verständnisses" vor. Die technische und taktische Ausbildung wird begleitet von vielseitigen kleinen Spielen, Staffeln und Wettbewerben in der Unterstufe sowie von gezielten vorbereitenden Übungen, Übungsserien und Übungsprogrammen in den oberen Klassen, die zur Erhaltung und Verbesserung der körperlichen Leistungsfähigkeit beitragen.

Neben diesen inhaltlichen Festlegungen machen die Lehrpläne auch organisatorische Vorgaben. Baden-Württemberg, z. B., teilt den Sportunterricht in den weiterführenden Schulen in einen **Kernbereich** ein, der inhaltlich vorgegeben ist, und in einen **Ergänzungsbereich**, der inhaltlich offen ist und u. a. zum Abbau von Defiziten, aber auch zur Schwerpunktsetzung herangezogen werden kann.

Die Konzeption dieses Buches berücksichtigt die Intentionen und Vorgaben der Lehrpläne der Schule. Viele der hier beschriebenen Übungen und Spiele finden sich in ihnen wieder. Auch die Bedeutung und Betonung der konditionellen und koordinativen Fähigkeiten in den Lehrplänen findet hier ihren Niederschlag.

Fußball im koedukativen Sportunterricht

Im koedukativen Sportunterricht der Grundschule werden die Jungen und Mädchen mit vielen Übungen und kleinen Spielen an das spätere große Spiel herangeführt. Dies gilt auch für das Fußballspiel.

Aus biologischer und medizinischer Sicht bestehen bis zum Eintritt der Pubertät (zwischen 11. und 13. Lebensjahr) keine wesentlichen geschlechtsspezifischen Unterschiede, die ein gemeinsames Spielen nicht ermöglichen würden. Wenn die Jungen trotzdem über mehr technische Fertigkeiten und Vorerfahrung im Fußball verfügen, so liegt das zumeist darin, daß sie früher mit dem Fußballspielen anfangen, öfter spielen und eher die Möglichkeit haben, in einen Verein einzutreten. Die Mädchen im Alter von etwa 8–12 Jahren lernen jedoch Bewegungsabläufe sehr rasch, weil sie in der Entwicklung der koordinativen Fähigkeiten den Jungen in der gleichen Altersstufe häufig vielfach voraus sind. Will dies genutzt werden, müssen die Lehrerinnen und Lehrer in der Lage sein, Fußball zu unterrichten. Voraussetzung dazu ist, daß sowohl in der Lehrerausbildung wie in der Lehrerfortbildung das Fußballspiel angeboten wird. Gibt man den Mädchen in der Grundschule die gleichen Chancen wie den Jungen, dürfte ein gemeinsames Fußballspielen (fast) problemlos möglich sein.

Auch in den Klassen 5 und 6 der weiterführenden Schulen kann der Sportunterricht koedukativ erteilt werden, können Jungen und Mädchen also weiterhin gemeinsam Fußball spielen. In diesem Alter (10.–12. Lebensjahr) setzt jedoch – bei Mädchen stärker als bei Jungen – der körperliche Reifungsprozeß ein. Mit ihm treten geschlechtsspezifische Entwicklungsmerkmale auf, die sich auf die Leistungsfähigkeit auswirken. Insbesondere in der Klassenstufe 6 beginnen die Jungen stärker zu dominieren, wird das gemeinsame Spiel zusehends schwieriger. Dieser Tatsache tragen die Lehrpläne der meisten Bundesländer Rechnung, indem sie ab Klasse 7 den Sportunterricht getrennt geschlechtlich vorschreiben.

Bedingungen in der Schule

Der zuletzt genannte Gesichtspunkt weist auf ein Problem hin, das die Umsetzung der Lehrpläne im Unterricht grundsätzlich erheblich erschweren kann, nämlich auf die teilweisen großen **Leistungsunterschiede** innerhalb einer Klasse. Im Fußball kann dieses Leistungsgefälle besonders stark sein, weil hier, mehr als in den anderen Sportspielen, schon früh „vereinserprobte" Schüler mit z.T. erheblichen Vorerfahrungen (F- oder E-Jugend) auf Fußballunerfahrene treffen. Im koedukativen Sportunterricht kann sich dieses Problem noch verstärken. Auch hinsichtlich der körperlichen Entwicklung können innerhalb einer Klasse große Unterschiede auftreten, die ein entwicklungsgemäßes, differenziertes Vorgehen im Unterricht zwar erforderlich machen würden, aber unter den gegebenen Voraussetzungen der Schule oft nicht möglich sind. So fehlt z.B. bei vielen Schulen der nicht nur für den Fußball gewünschte **Sportplatz** bzw. eine entsprechende Freifläche, sind bei viel **zu großen Klassen** selten genügend Bälle vorhanden, ist die insbesondere in den unteren Klassen so sinnvolle **Einzelstunde** oftmals zu kurz. Diese teilweise ungünstigen organisatorischen Voraussetzungen und die unzureichende Ausstattung mit Fußbällen und Hilfsgeräten (Markierungskegel, Übungsleibchen usw.) in vielen Schulen stellen erhöhte Anforderungen an die unterrichtenden Lehrkräfte, die zudem häufig dafür **nicht ausreichend ausgebildet** sind. Insbesondere in der Grundschule ist die Situation des Sportunterrichtes dadurch geprägt, daß der Unterricht in der Regel vom Klassenlehrer(-in) erteilt wird, der (die) hierfür häufig nicht ausgebildet worden ist. Kaum systematisches und methodisches Vorgehen, nur zaghaftes Nutzen vorhandener räumlicher und apparativer Möglichkeiten, zu geringe körperliche Belastung führen nicht selten zu einem wenig attraktiven und die Schüler eher unterfordernden Sportunterricht. Für das Fußballspiel werden die Möglichkeiten zudem eingeschränkt durch die Tatsache, daß überwiegend Lehrerinnen an der Grundschule unterrichten.

Zur Realisierung dieses Buches im Sportunterricht

Das vorliegende Buch ist für den Fußball in der Schule gedacht und richtet sich in erster Linie an die Lehrerinnen und Lehrer, die Anfängern das Fußballspielen beibringen und Fortgeschrittenen einen intensiveren Einblick in das Spiel ermöglichen wollen. Es berücksichtigt in erster Linie die Gegebenheiten der Schule und entspricht den Aufgaben und Zielsetzungen der Lehrpläne. Es wendet sich aber auch an den Übungsleiter im Verein, der, unter anderen Voraussetzungen, im Grunde dasselbe Anliegen verfolgt, häufig sogar mit denselben Schülern.

Eine Einteilung der Anfänger bzw. Fortgeschrittenen in unterschiedliche Altersstufen ist nicht vorgesehen, da oft gleichaltrige Schüler im Fußball sehr unterschiedliche Vorerfahrungen mitbringen und über höchst unterschiedliches technisches und taktisches Können verfügen. Art, Charakter und Zielsetzung der hier beschriebenen Übungen und Spiele entsprechen jedoch etwa dem 8–14jährigen Schüler. Dieselben Übungen und Spiele können jedoch, unter schwierigeren Bedingungen, (schnellere Ausführung, mit Behinderung = Gegenspieler usw.), auch in höheren Altersstufen „gewinnbringend" eingesetzt werden.

Im Idealfall (in leistungsstarken Klassen) würde die Grundausbildung im Sportunterricht der Klassen 3 und 4 der Grundschule begonnen und, in den Klassen 5 und 6 fortgesetzt und, ggf. erweitert durch einige vor allem taktische Spielformen der Fortgeschrittenen (4:4,5:5), abgeschlossen. (In leistungsschwächeren Klassen wird dieser Prozeß voraussichtlich bis Ende Klasse 8 dauern). In den nachfolgenden Klassen 7 und 8 verfestigen und vertiefen die nun Fortgeschrittenen ihr Können und bereiten, vom gekonnten Spiel 7:7 ausgehend, das „Große Spiel" 11:11 vor.

Im Laufe seiner Schulzeit sollte jeder Schüler eine ihm „angemessene" **Grundausbildung** im Fußball vermittelt bekommen. Dafür können die nachfolgend beschriebenen Übungen und Spiele eine Hilfe sein. Für leistungsstarke Klassen und Schulen, die die Möglichkeit haben, im Ergänzungsbereich des Unterrichts und/oder in zusätzlichen Arbeitsgemeinschaften Fußball für **Fortgeschrittene** anzubieten, ist insbesondere der 2. Teil dieses Buches als Anregung und Unterstützung gedacht.

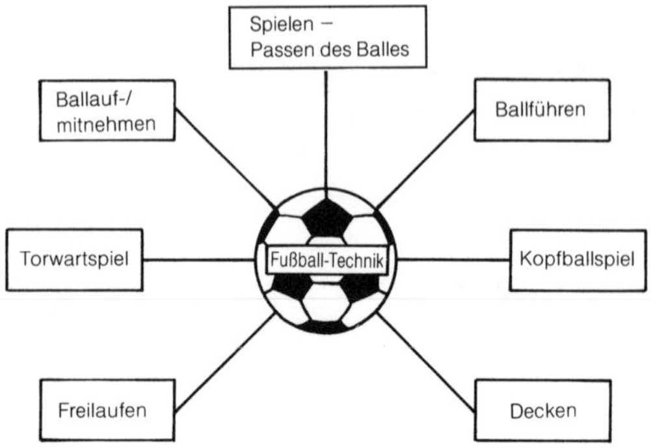

Abb. 2: Technische und taktische Grundfertigkeiten und -fähigkeiten

Grundausbildung

Erlernen grundlegender technischer Fertigkeiten und taktischer Fähigkeiten

In der Grundausbildung sollen die für das Fußballspiel wesentlichen **technischen Grundfertigkeiten** (Passen und Stoppen; Ballführen, Kopfballspiel) sowie **erste taktische Kenntnisse und Fähigkeiten** (Freilaufen, Decken) vermittelt werden (vgl. Abb. 2). Dabei sollen die Schüler möglichst **spielnah** in Kleingruppen an Fußball als Mannschaftsspiel herangeführt werden. Die Begeisterung der 8- bis 12jährigen, der Spaß und die Freude am Fußballspiel, müssen erhalten bleiben. Dabei ist wichtig, daß die Schüler auch erfahren, daß **partnerschaftliches Verhalten, Fairneß und Rücksichtnahme** auch gegenüber spielschwächeren Mitschülern notwendige Voraussetzungen für das gemeinsame Spiel sind.

Die nachfolgende Auswahl an Übungen und Spielen versucht, diesem Anspruch gerecht zu werden. Sie stellt eine Mischung aus Übungsformen dar, die alle einen kleinen Spiel- oder Wettbewerbscharakter haben und ganzheitlichen Spielformen, die jedoch nicht immer von der Spielidee des Fußballs getragen sein müssen. Sie sind grob nach dem Prinzip „vom Leichteren zum Schwereren" gegliedert, stellen jedoch **keine methodische Reihenfolge** dar. Es bleibt dem Lehrer überlassen, seine Auswahl auf die gegebenen Verhältnisse, den Könnensstand der Klasse und die Unterrichtsabsicht abzustimmen. Es sollte jedoch immer gewährleistet sein, daß **bewegungsintensiv** und **mit viel Spaß und Freude** geübt/ – bzw. gespielt wird.

Die hier im Zusammenhang mit den technischen Fertigkeiten skizzierten **Stundenbilder** dürfen nicht als Modelle aufgefaßt werden, die schablonenhaft nachgestaltet werden sollen. Sie sind als Beispiele und Anregung zu verstehen, die, je nach Unterrichtsziel und den jeweiligen Voraussetzungen einer Klasse, veränderbar sind.

Die Dreiteilung „Aufwärmen – Üben – Spielen" für eine Unterrichtsstunde hat sich jedoch bewährt. Das **Aufwärmen** gewährleistet zunächst die Einstimmung und Aufwärmung des Organismus, es kann aber auch schon gezielt auf den **Übungsteil (Hauptteil)** vorbereiten und sollte nach Möglichkeit spielerisch erfolgen. Im Hauptteil werden technisch-taktische Fertigkeiten erlernt oder wiederholt und gefestigt. Auch im Bereich der Kraft- und Schnelligkeitsschulung sollte er die Hauptbelastung setzen. Schließlich kann das **Spielen** als Ausklang für einen Belastungswechsel und für Beruhigung sorgen. Ausdauerschulung – sofern gezielt geplant – sollte ebenfalls am Schluß einer Unterrichtsstunde erfolgen.

Passen/Abspielen/Schießen

Vorbemerkung

Beim Passen, d.h. beim zielgerichteten Schießen (Stoßen) des Balles werden folgende Techniken unterschieden:

(1) Der **Innenseitstoß**, der sich besonders für präzise Pässe über kurze Distanzen und genaue Torschüsse aus naher Entfernung eignet sowie für das Kombinationsspiel (z.B. Doppelpaß).

Als grundlegende Formen der sogenannten „Spannstoßtechniken“:

(2) Der **Innenspannstoß**, der vor allem beim Zusammenspiel über weite Entfernungen (z.B. als Flanke vom Flügel) oder als scharfer Torschuß aus weiter Distanz eingesetzt wird.

(3) Der **Außenspannstoß**, der ebenfalls die Möglichkeit des Spiels über weite Entfernungen bietet (z.B. Befreiungsschlag aus der Abwehr) und als besonderen Effekt die Möglichkeit des ‚verdeckten Abspiels‘.

(4) Der **Vollspannstoß**, der insbesondere Anwendung findet beim Torschuß und bei Flanken über weite Enfernungen – oft direkt im Anschluß an ein Dribbling oder ein Zuspiel.

Dropkick, Effetstoß, Hüftdrehstoß und **Fallrückzieher** sind Variationen der genannten Stoßtechniken, auf die aber hier im einzelnen nicht näher eingegangen wird.

Technik-/Bewegungsbeschreibung

(1) Der Innenseitstoß (Abb. 3)

Der **Anlauf** erfolgt in gerader Richtung.

Das **Standbein** wird etwa fußbreit neben dem Ball aufgesetzt und ist in Sprung-, Knie- und Hüftgelenk leicht gebeugt. Die Fußspitze zeigt in Spielrichtung.

Das **Spielbein** ist im Kniegelenk leicht gebeugt und wird im Hüftgelenk stark nach außen gedreht. Der Fuß ist im Sprunggelenk fixiert, die Fußspitze leicht angehoben, die Ferse zeigt zum Boden.

Die **Trefffläche** liegt auf der Innenseite des Fußes zwischen Fußballen und Ferse.

Nach dem Treffen des Balles schwingt das Spielbein nach vorn oben.

Je nach vorgesehener Flugbahn des Balles befindet sich der **Oberkörper** beim Spielen des Balles entweder leicht über dem Ball (flacher Paß) oder ist leicht zurückgeneigt (hohe Flugbahn). Bei hohen Bällen wird das Standbein zudem etwas hinter dem Ball aufgesetzt.

Abb. 3

(2) Der Innenspannstoß

Der **Anlauf** erfolgt schräg bzw. bogenförmig zum Ball.

Das **Standbein** ist im Kniegelenk gebeugt (stärker als beim Vollspannstoß) und wird schräg zur Stoßrichtung etwa zwei bis drei Fußbreit seitlich hinter dem Ball aufgesetzt.

Das **Spielbein** wird im Kniegelenk gebeugt und im Sprung- und Hüftgelenk leicht nach außen gedreht. Der Fuß ist gestreckt und im Sprunggelenk festgestellt, die Fußspitze zeigt zum Boden.

Die **Trefffläche** ist die Innenseite des Spanns.

Zum Ausschwingen, d. h. nach Treffen des Balles, kreuzt das Spielbein das Standbein.

Entsprechend der geplanten Flughöhe des Balles wird der **Oberkörper** mehr oder minder über das Standbein geneigt.

(3) Der Außenspannstoß (Abb. 4)

Abb. 4

Der **Anlauf** erfolgt in gerader Richtung oder etwas schräg zum Ball.

Das im Kniegelenk leicht gebeugte **Standbein** wird etwa ein bis zwei Fußbreit neben bzw. hinter dem Ball aufgesetzt.

Das **Spielbein** wird im Kniegelenk gebeugt und je nach Stellung zum Ball im Hüftgelenk leicht einwärts gedreht.

Der Fuß wird gestreckt, etwas zum Standbein hin gedreht und im Sprunggelenk fixiert.

Die **Trefffläche** ist die Außenseite des Spanns.

Der **Oberkörper** ist leicht über das Standbein gebeugt.

(4) Der Vollspannstoß (Abb. 5)

Der **Anlauf** erfolgt gerade oder leicht schräg zur Schußrichtung.

Das im Kniegelenk leicht gebeugte **Standbein** wird etwa fußbreit neben dem Ball aufgesetzt. Die Fußspitze zeigt in Spielrichtung.

Das **Spielbein** wird in der Ausholbewegung im Knie- und Hüftgelenk zurückgeschwungen. Der Fuß ist gestreckt und im Sprunggelenk fixiert. Die Fußspitze zeigt nach unten. Beim Nachvornschwingen des Spielbeines wird der Ball genau in der Mitte getroffen.

Die **Trefffläche** ist der volle Spann.

Nach dem Treffen des Balles schwingt das Spielbein mit angewinkeltem Knie gradlinig nach vorn oben durch.

Beim Spielen des Balles wird der **Oberkörper** leicht nach vorn geneigt, bei flachen Pässen wird das Knie des Spielbeines über den Ball gebracht.

Abb. 5

Spiel- und Übungsformen

Zweierspiel

Jeweils zwei Spieler stehen sich im Abstand von 4 bis 6 m gegenüber und passen sich den Ball zu. Nach dem Spiel mit der Innenseite folgt der Außenspannstoß. Dem Passen geht jeweils ein weiches Anhalten des Balles voraus. (Abb. 6)

Abb. 6: Zweierspiel

Ziehharmonika

Jeweils zwei Spieler stehen sich im Abstand von 10 bis 12 m gegenüber und passen sich den Ball zu. Ohne das Passen zu unterbrechen, rücken die beiden Spieler immer näher zusammen (bis auf etwa 2 m), weichen dann wieder zurück und vergrößern ihren Abstand auf etwa 12 m.

Auch hier wird abwechselnd, zuerst mit der Innenseite, dann mit dem Außenspann geübt. (Abb. 7)

Abb. 7: Ziehharmonika

Ballschlacht

Abb. 8: Ballschlacht

Zwei Mannschaften stehen sich in begrenzten Feldern gegenüber. Jeder Spieler paßt seinen Ball in das Feld der Gegenpartei, von wo er wieder zurückgespielt werden kann.

Wer hat beim Abpfiff die wenigsten Bälle im Feld? (Abb. 8)

Fuß-Burgball

Sechs bis acht Spieler in Kreisaufstellung versuchen, mit dem Ball die in der Mitte von einem Spieler bewachte Burg (Kasten oder Medizinball) zu treffen. Die Spieler müssen außerhalb des angegebenen Kreises bleiben. Wer getroffen hat, wird Wächter. (Abb. 9)

Variation: Es soll nur mit dem Außenspann gespielt werden.

Abb. 9: Fuß-Burgball

Wettwanderball

Sechs bis acht Spieler stehen hintereinander und passen abwechselnd zu einem Zuspieler, der etwa 6 m vor ihnen steht (wer gepaßt hat, stellt sich wieder hinten an).

Die sorgfältige Ausführung steht im Vordergrund, Genauigkeit geht vor Schnelligkeit. Jeder Vorbeipaß bedeutet ein Fehler. Welche Gruppe macht die wenigsten Fehler? (Abb. 10)

Variation: Es soll mit dem Außenspann gepaßt werden.

Abb. 10: Wettwanderball

Zielpassen im Kreis

Vier bis sechs Spieler bilden einen Kreis, in dessen Mitte sich ein Anspieler befindet. Jeder Kreisspieler paßt zum Anspieler, der sich jeweils in die neue Spielrichtung dreht und dem Nächsten in den Lauf spielt. Jeder Kreisspieler darf einmal Anspieler sein. (Abb. 11)

Abb. 11: Zielpassen im Kreis

Variation: Eine Dreiergruppe paßt ohne Anspieler aus dem Lauf, mit und ohne Anhalten und Mitnehmen des Balles. Hierbei wird der Paß mit dem Außenspann bevorzugt. (Abb. 12)

Abb. 12: Passen in der Dreiergruppe

Namenrufen

Sechs bis acht Spieler stehen im Kreis (Durchmesser etwa 10 m). Ein Spieler paßt den Ball zu einem (möglichst gegenüberstehenden) Mitspieler, ruft dabei dessen Namen und läuft sofort seinem Paß hinterher. Der gerufene Spieler nimmt den Ball an und setzt das Spiel ebenso fort. (Abb. 13)

Variation: Es wird mit 2 Bällen gleichzeitig gespielt.

Abb. 13: Namenrufen

Kreisfußball

Acht bis zwölf Spieler stehen im Kreis (Durchmesser etwa 8 m) mit einem seitlichen Abstand von jeweils 2 m. Ein Spieler befindet sich in der Mitte des Kreises und versucht, den Ball durch eine Lücke zwischen den Kreisspielern zu schießen.

Jeder Kreisspieler ist für den Zwischenraum *rechts* neben sich verantwortlich und

Abb. 14: Kreisfußball

darf den Ball nur mit dem Fuß abwehren. Gelingt es dem Mittelspieler, ein „Tor“ zu erzielen, wird er von dem betreffenden „Torwart“ abgelöst. (Abb. 14)

Variation: Es wird ohne Mittelspieler gespielt, jeder Kreisspieler hat nun die Aufgabe, Tore zu schießen und Tore zu verhindern. In fortgeschrittenen Gruppen kann mit 2 bis 3 Bällen gleichzeitig gespielt werden.

Hinweis: Diese Übung bietet sich besonders dort an, wo aufgrund unzureichender Geräteausstattung nur wenig Bälle vorhanden sind.

Paß durch die Mitte

Eine Spielfläche von etwa 20 m Länge und 6 m Breite wird in 3 gleichgroße Felder abgeteilt, in denen sich die Mannschaften A, B und C mit jeweils drei bis fünf Spieler befinden. Mannschaft A paßt sich in einem äußeren Feld einen Ball zu und versucht, diesen in einem günstigen Augenblick durch das mittlere Feld der Mannschaft B zu C zu passen. Der Ball darf dabei nur flach gespielt werden. Mannschaft B versucht durch geschicktes Stellungsspiel, diesen Paß zu verhindern, denn jeder gelungene Paß von A zu C oder umgekehrt zählt als Minuspunkt für B. Ziel ist es, in einer festgesetzten Zeit möglichst viele „Pässe durch die Mitte“ zu spielen. Jede Mannschaft soll einmal in der Mitte gewesen sein. (Abb. 15)

Abb. 15: Paß durch die Mitte

Kurz-Kurz-Lang

Zwei Spieler (A und B) stehen sich im Abstand von etwa 20 m gegenüber. Zwischen ihnen befindet sich ein dritter Spieler C. A paßt den Ball kurz zu C, der dem Ball entgegenläuft, erhält den Ball von diesem direkt wieder und spielt nun einen langen Paß an C vorbei zu B. Dieser nimmt den Ball an, paßt ihn kurz zu C, der dem Ball wiederum entgegenläuft, erhält den Ball von diesem direkt wieder usw. Jeder Spieler muß einmal in der Mitte gewesen sein.

Variation: A paßt den Ball kurz zu C, der dem Ball entgegenläuft und zurückpaßt und spielt nun einen langen Paß **über** C zu B (weiter wie oben). (Abb. 16)

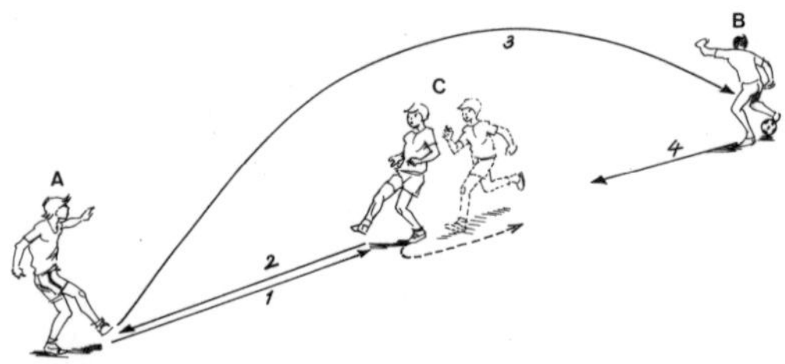

Abb. 16: Kurz-Kurz-Lang

Kurze Gasse – Lange Gasse

Zwei Spieler stehen sich im Abstand von etwa 5 m gegenüber. Sie spielen sich über eine Länge des Spielfeldes *kurze Pässe* in den Lauf (Hinweg). Auf dem Rückweg stehen sie sich im Abstand von etwa 15 m gegenüber und spielen sich *weite Pässe* in den Lauf. Nach jedem Durchgang (Hin- und Rückweg) wechseln die beiden Spieler ihre Positionen (Innen- bzw. Außenposition). (Abb. 17)

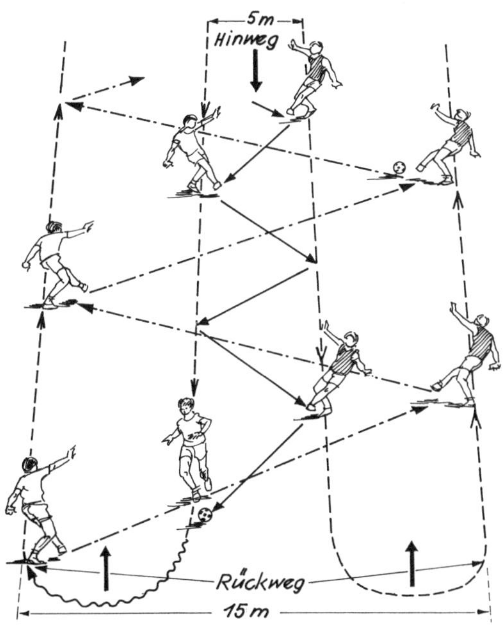

Abb. 17: Kurze Gasse – Lange Gasse

Zielpassen aus dem Lauf

Sechs bis acht Spieler stehen hintereinander in der Reihe. Ein Zuspieler, der etwa 5 m links bzw. rechts von ihnen steht, paßt dem ersten Spieler den Ball in den Lauf. Dieser paßt direkt zu dem etwa 8 m vor ihm stehenden Zielmann und stellt sich wieder hinten an. Der Zielmann wiederum paßt direkt zum Zuspieler usw. Jeder Spieler sollte einmal Zuspieler bzw. Zielmann gewesen sein. Außerdem sollte der Zuspieler abwechselnd von rechts bzw. von links zuspielen, damit die Spieler „zweibeinig" gefordert werden. (Abb. 18)

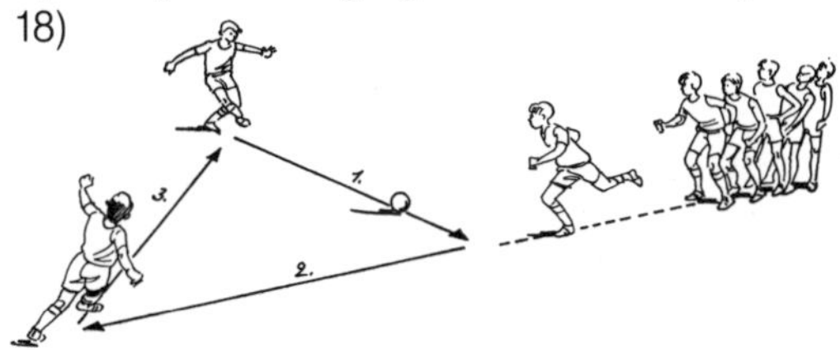

Abb. 18: Zielpassen aus dem Lauf

Drei-Tore-Fußball

Abb. 19: Drei-Tore-Fußball

Drei bis vier Spieler spielen auf 3 Tore, die mit 3 Hütchen (im Dreieck aufgestellt, Abstand etwa 2 m) markiert werden. Ein Torwart versucht, alle 3 Tore zu verteidigen. Es soll nur flach mit der Innenseite bzw. mit dem Außenspann gepaßt werden. (Abb. 19)

Partner-Treibball

Zwei Spieler stehen sich in weiter Entfernung gegenüber (etwa 30 m). Spieler A schlägt einen möglichst weiten Paß zu seinem Partner. Dieser darf sich den Ball auf der Stelle zurechtsetzen und ihn von dort zurückschlagen, wo dieser auf dem Boden aufgekommen ist.

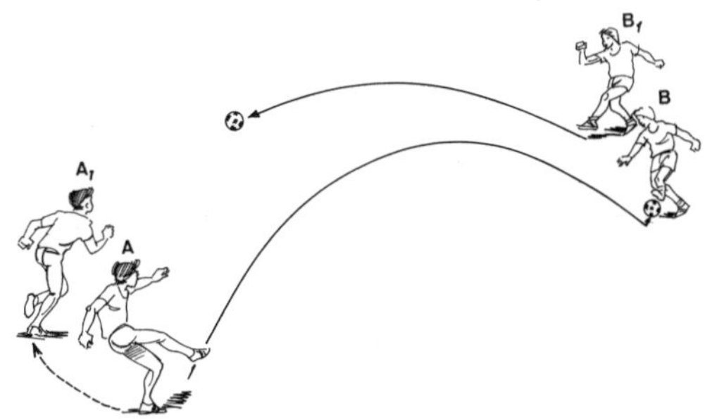

Abb. 20: Partnertreibball

Wer treibt den anderen zuerst über eine zuvor vereinbarte Linie? (Abb. 20)

Mannschafts-Treibball

Zwei Mannschaften stehen sich in einem Spielfeld gegenüber, das in zwei äußere und eine Mittelzone eingeteilt ist. Die Mannschaften versuchen, jeweils aus ihrer äußeren Zone einen größeren Ball (Medizinball, bes-

Abb. 21: Mannschaftstreibball

ser Pushball) aus der Mittelzone durch gezielte Spannstöße herauszutreiben. Wem gelingt dies zuerst? Die Mittelzone darf nicht betreten werden. Je mehr Bälle, um so besser. (Abb. 21)

Kreiszielball

Zwei Mannschaften treten im Zielspannstoß gegeneinander an. Sie versuchen, ihre Bälle

Abb. 22: Kreiszielball

mit weitem Bogenschuß (Innenspannstoß) in einen **Zielkreis** zu schießen. Wer die meisten Treffer erreicht, ist Sieger. (Abb. 22)

Zonenspiel

Zwei Spieler stehen sich in einem Spielfeld gegenüber, das etwa 40 m lang und 15 m breit ist. An beiden Enden sind je 3 Zonen eingeteilt: 5 m – 3 m – 2 m breit. Jeder Spieler versucht, den Ball aus einer Zone seiner Hälfte in die gleiche Zone des Gegners zu schießen. (Abb. 23) Das Spiel kann auch als Wettbewerb ausgetragen werden: Von Zone I in Zone I = 1 Punkt; von Zone II in Zone II = 2 Punkte; von Zone III in Zone III = 3 Punkte.

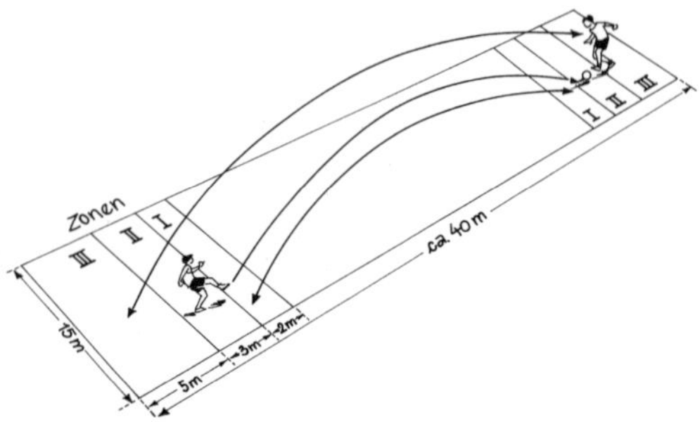

Abb. 23: Zonenspiel

Schützt Eure Wände!

Zwei Mannschaften mit je sechs bis zehn Spielern stehen sich in einer Halle (15 m × 27 m) gegenüber, die in der Mitte durch Langbänke, die auf Kleinkästen stehen, in 2 Spielfeldhälften geteilt ist. Als Tore dienen die Stirnseiten der Halle bis in 2 m Höhe.

Jeder Spieler hat einen Ball. Die Mannschaften versuchen, ihre Bälle über die Bän-

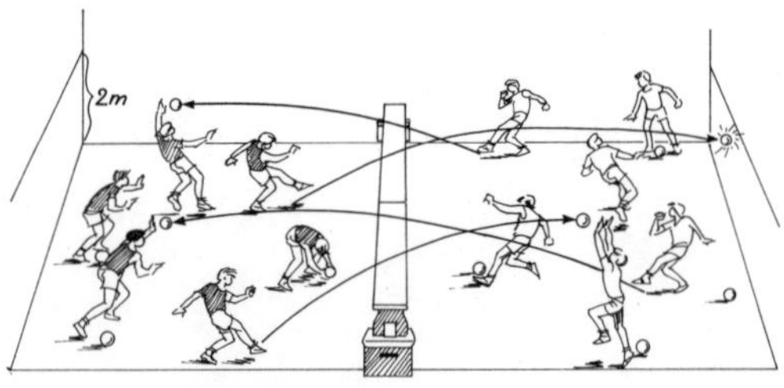

Abb. 24: Schützt Eure Wände!

ke ins gegnerische Tor zu schießen (Innenspannstoß), wobei alle Spieler auch als Torwart agieren können. Es empfiehlt sich, das Spiel zunächst nur mit 3 Bällen zu beginnen. (Abb. 24)

Variation: Es darf nur noch *unter* den Bänken hindurchgeschossen werden, wobei die Bälle nicht mehr mit den Händen abgewehrt werden dürfen.

Torschuß-Zweikampf

Zwei Spieler stehen sich jeweils in einem Fähnchentor (ca. 3 m breit) gegenüber, die je nach Können, 8 – 12 m voneinander entfernt sind.

Die Spieler schießen abwechselnd von ihrer Torlinie aus auf das gegenüberliegende Tor.

Abb. 25: Torschuß-Zweikampf

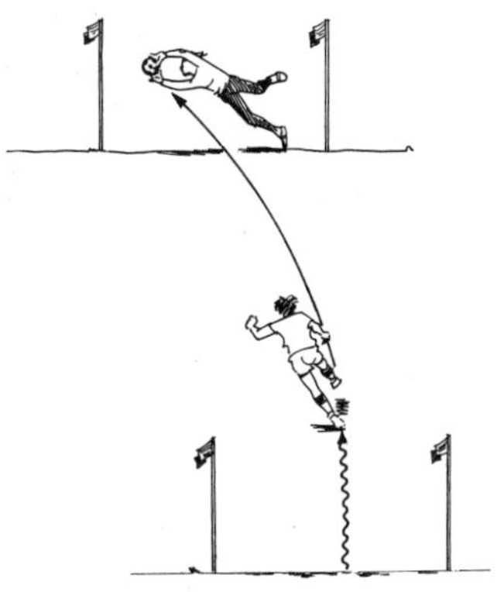

Abb. 26: Torschuß-Zweikampf (Variation)

Wer erzielt bei 10 Versuchen die meisten Treffer? Die Stoßtechnik kann vorgegeben werden (Innenseitstoß, Außenspannstoß, Vollspannstoß). (Abb. 25)

Variation: Die Schußform kann zusätzlich vorgegeben werden: Torschuß mit dem ruhenden Ball, Torschuß nach kurzem Dribbling (Abb. 26), Torschuß aus der Hand (Ball kurz anwerfen).

Hinweis: Das Spiel eignet sich auch gut als Wettbewerb: jeder gegen jeden, Sieger gegen Sieger, Verlierer gegen Verlierer. Der „Torschuß-Zweikampf" ist auch eine geeignete Übungsform für das Torwartspiel.

Torschuß nach Querpaß

Acht bis zehn Spieler, jeweils mit einem Ball, stehen hintereinander, der erste auf Höhe der 16-m-Linie (Gruppe A). Etwa an der Mittellinie stehen 8 bis 10 weitere Spieler ohne Ball (Gruppe B). Der erste Spieler der Gruppe B sprintet in Richtung Tor, erhält auf Höhe der 16-m-Linie vom ersten Spieler der Gruppe A den Ball quer zugespielt und schießt auf das Tor. Anschließend holt der Schütze seinen Ball und stellt sich in der Gruppe A hinten an. In der Zwischenzeit hat sich der Spieler der Gruppe A, der den Ball quer gespielt hat, bei der Gruppe B hinten angestellt usw. (Abb. 27)

Abb. 27: Torschuß nach Querpaß

Hinweis: Bei ausreichender Größe der Sportstätte (Sportplatz, -halle usw.) und guter Geräteausstattung kann diese Übungsform – nicht zuletzt auch zur Erhöhung der Übungs- und Lernintensität – in Kleingruppen (3–4 Schüler) auf kleinere Tore (z.B. Fähnchentore) ausgeführt werden.

Torschuß mit Mitspieler

Acht bis zehn Spieler, jeweils mit einem Ball, stehen hintereinander etwa 25 m vor dem Tor. Auf Höhe der Strafraumlinie steht ihnen ein *Mitspieler* gegenüber. Der Erste der Gruppe spielt den Mitspieler mit einem flachen Paß an. Dieser läßt den Ball abprallen (Doppelpaß), den der heranspurtende Stürmer direkt auf das Tor schießt. Anschließend holt dieser seinen Ball und stellt sich hinter der Gruppe wieder an. Sobald der erste Stürmer auf das Tor schießt, läuft der Nächste los usw. (Abb. 28)

Hinweis: Bei ausreichender Größe der Sportstätte (Sportplatz, -halle usw.) und guter Geräteausstattung kann diese Übungsform – nicht zuletzt auch zur Erhöhung der Übungs- und Lernintensität – in Kleingruppen (3–4 Schüler) auf kleinere Tore (z.B. Fähnchentore) ausgeführt werden.

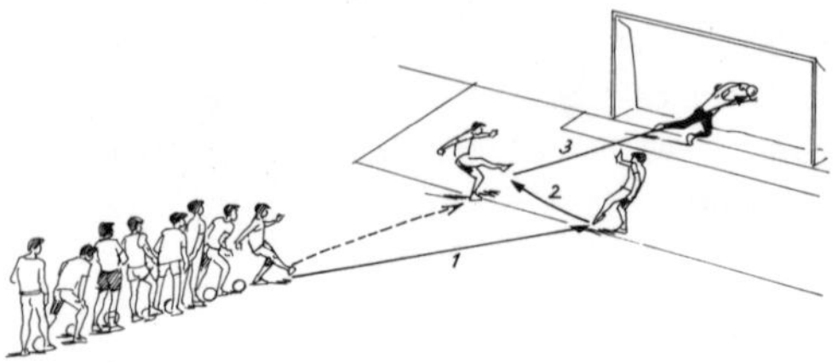

Abb. 28: Torschuß mit Mitspieler

Torschuß mit Gegenspieler

Acht bis zehn Spieler, jeweils mit einem Ball, stehen hintereinander etwa 30 m vor dem Tor. Etwa auf Höhe der Strafraumlinie steht ihnen ein *Gegenspieler* gegenüber. Der erste der Gruppe dribbelt auf den Gegenspieler zu, umspielt diesen und schießt auf das Tor. Anschließend holt er seinen Ball und stellt sich wieder hinter seiner Gruppe an. Sobald der erste Stürmer auf das Tor schießt, dribbelt der nächste los usw. Der Gegenspieler verhält sich, dem Können der Stürmer entsprechend, mehr oder weniger aktiv. (Abb. 29)

Hinweis: Bei ausreichender Größe der Sportstätte (Sportplatz, -halle usw.) und guter Geräteausstattung kann diese Übungsform – nicht zuletzt auch zur Erhöhung der Übungs- und Lernintensität – in Kleingruppen (4–6 Schüler) auf kleinere Tore (z.B. Fähnchentore) ausgeführt werden. Alternativ können auch 2–3 Angriffsreihen auf ein Tor spielen.

Abb. 29: Torschuß mit Gegenspieler

Sprintzweikampf

Die Spieler stehen in zwei Reihen nebeneinander etwa 20 m vor dem Tor. Zwischen beiden Gruppen, etwa 30 m vom Tor entfernt, steht der Lehrer (Trainer). Sobald dieser einen Ball durch ein vor ihm aufgestelltes Hüt-

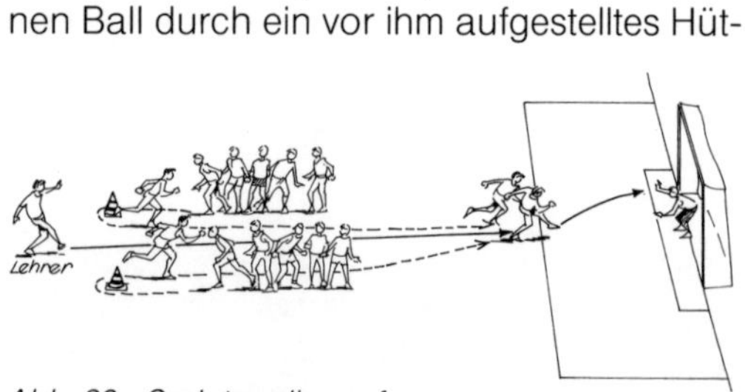

Abb. 30: Sprintzweikampf

chentor paßt, sprinten die Ersten der beiden Gruppen los. Sie umlaufen dabei jeweils ein Hütchen, und der Schnellere schießt den Ball auf das Tor. (Abb. 30)

Torwart gegen Stürmer

Zwei Mannschaften (A mit Ball, B ohne Ball), stellen sich jeweils hinter einem Hütchenslalom (6 bis 8 Hütchen) auf. Das letzte Hütchen steht etwa 15 m vor dem Tor. Je ein Spieler der beiden Mannschaften treten gegeneinander an: Spieler A (Stürmer) durchläuft den Slalom mit Ball, Spieler B (Torwart) ohne Ball. Die Slalomstrecke sollte so gestellt sein, daß der Torwart das Tor gerade noch erreicht, bevor der Stürmer seinen Ball in Richtung Tor abgeschossen hat. Ist der Zweikampf abgeschlossen, starten die nächsten beiden Spieler usw. (Abb. 31)

Abb. 31: Torwart gegen Stürmer

Stundenbild

Aufwärmen

Namenrufen (Vgl. Seite 19, Abb. 13)

Üben

Spiel gegen die Wand

- Jeder Spieler hat einen Ball: Passen mit der Innenseite/Außenspann gegen die Wand; der zurückspringende Ball wird jeweils angehalten;
- Jeder Spieler hat einen Ball: Aus der Bewegung Passen mit der Innenseite/Außenspann gegen die Wand (Lauf mit dem Ball an der Wand entlang);
- Jeder Spieler hat einen Ball: Freies Spiel mit dem Vollspann gegen die Wand, der Ball darf jeweils nur einmal aufspringen. Wer spielt am längsten? (Abb. 32)

Abb. 32: Freies Spiel gegen die Wand

Zick-Zack-Staffel

Innerhalb von 2 Mannschaften spielen sich die Spieler den Ball paarweise zu: Zuerst mit

Abb. 33: Zick-Zack-Staffel

der Innenseite, dann mit dem Außenspann. Wende um ein Fähnchen. Je nach Könnensstand direktes Spiel oder maximal 2 Ballkontakte.

Spielen

Seitenfußball

Zwei Mannschaften spielen gegeneinander in einem begrenzten Spielfeld (Halle). Die Grundlinien (Hallenstirnseiten) bilden die Tore. Jede Mannschaft wird in 3 Gruppen mit unterschiedlichen Aufgaben eingeteilt: in Feldspieler, Seitenspieler und Torleute. Die Feldspieler erzielen Tore, die Torleute verteidigen die Torlinien, und die Seitenspieler bringen die Bälle von den Seiten immer wieder ins Feld. Gespielt wird in 3 Zeit-Dritteln, wobei innerhalb der Mannschaften in jedem Drittel die Gruppenaufgaben wechseln. (Abb. 34)

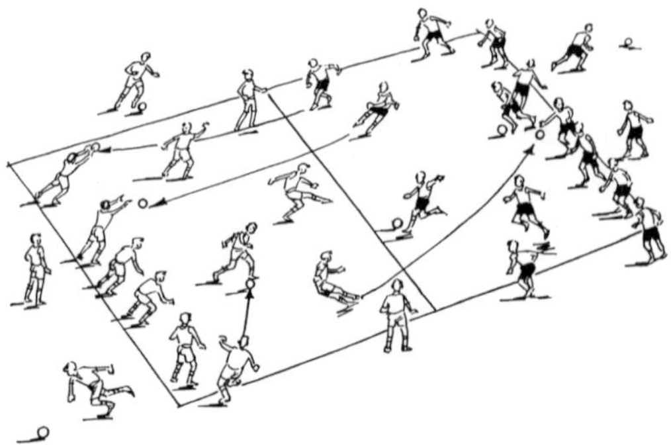

Abb. 34: Seitenfußball

Annehmen/Mitnehmen/Kontrollieren

Vorbemerkung

Voraussetzung für ein sicheres Abspiel oder einen präzisen Torschuß ist eine erfolgreiche Ballannahme. Bei der heutigen, sehr dynamischen Spielweise wird der Ball selten „gestoppt", d. h., daß er zur Ruhe kommt, er wird vielmehr nur kurz angenommen (kontrolliert) und dann direkt zum Mitspieler weitergeleitet. Dabei soll der Ball so unter Kontrolle gebracht werden, daß der Spielfluß nicht unterbrochen wird und vor allem der Gegner nicht in Ballbesitz kommt. Abhängig von der jeweiligen Spielsituation und unter Berücksichtigung von Geschwindigkeit und Höhe des ankommenden Balles sind verschiedene Techniken der Ballan- und -mitnahme erforderlich. Mit Ausnahme der Hand kann der Ball prinzipiell mit allen Körperteilen an- und mitgenommen werden: mit dem Kopf, der Brust, dem Oberschenkel und dem Fuß (Innenseite, Spann, Sohle). Prinzip und Ablauf der Bewegung stimmen bei den unterschiedlichen Techniken der Ballannahme im wesentlichen überein: der ballannehmende Körperteil wird dem heranfliegenden Ball möglichst weit entgegengeführt, um im Augenblick der Ballberührung locker und entspannt nachzugeben und den Ball weich abzubremsen.

Technik-/Bewegungsbeschreibung

Ballannahme mit der Innenseite (Innenspann)

Der Oberkörper wird leicht nach vorn geneigt. Bei *flach* anrollenden Bällen wird der Fuß des Spielbeins dem Ball etwas entgegengeführt und im Augenblick des Ballkontaktes weich zurückgenommen. Der Ball wird etwa fußbreit hinter dem Standbein angehalten. Je *steiler* die Bälle einfallen, desto mehr muß der Spieler mit dem Unterschenkel des Spielbeins ein „Dach" über dem Ball bilden; dabei wird die Fußspitze angezogen. (Abb. 35)

Abb. 35: An- und Mitnehmen flacher Bälle

Ballannahme mit der Außenseite (Außenspann)

Bei der Ballannahme mit dem Außenspann wird der Oberkörper leicht zur Spielbeinseite geneigt. Der Ball wird mit dem Spielbein etwa in Höhe des Standbeines angenommen und zur Spielbeinseite geführt. (Abb. 35)

Ballannahme mit der Sohle

Bei rollenden oder aufspringenden Bällen ist die Ballannahme mit der Sohle möglich. Dabei ist die Fußspitze des Spielbeines angezogen und die Ferse nach unten gedrückt. Im Augenblick des Ballkontaktes gibt das Spielbein weich nach, um den Schwung des Balles abzubremsen. (Abb. 35)

Ballannahme mit dem Vollspann

Bei steil einfallenden Bällen schwingt das im Kniegelenk leicht gebeugte Spielbein dem Ball entgegen und läßt ihn im Augenblick der Ballberührung leicht nachgebend vom Spann „abtropfen". (Abb. 36)

Abb. 36: An- und Mitnehmen hochgespielter Bälle

Ballannahme mit dem Oberschenkel

Die breite Oberfläche des Oberschenkels bietet sich als weitere Möglichkeit einer sicheren Ballannahme an, insbesondere bei „halbhoch" oder steil einfallenden Bällen. Der Oberschenkel des Spielbeins wird dem Ball entgegengeführt und im Augenblick der Ballberührung leicht gesenkt, so daß der Ball spielgerecht zu Boden fällt. (Abb. 36)

Ballannahme mit der Brust

Die Ballannahme erfolgt meist in leichter Schrittstellung: die Knie sind mäßig gebeugt; das Körpergewicht ruht auf beiden Füßen. Der Oberkörper wird dem heranfliegenden Ball entgegengeführt und beim Auftreffen des Balles leicht zurückgenommen, um den Ball spielbereit „abtropfen" zu lassen. (Abb. 36)

Ballannahme mit dem Kopf

Die Beine sind etwa in Schrittstellung und leicht gebeugt. Der Kopf ist ein wenig zurückgelegt und in Nacken festgestellt. Der Ball wird mit der Stirn angenommen. Im Moment der Ballberührung gibt der Spieler weich in den Kniegelenken nach, so daß der Ball spielbereit zum Boden fällt. (Abb. 36)

Spiel- und Übungsformen

Jeder nimmt seinen Ball an

Jeder Spieler wirft seinen Ball in die Höhe und versucht, ihn mit der Sohle zu „stoppen". Dann versucht er es mit der Innenseite des Fußes, mit der Außenseite, mit dem Oberschenkel, der Brust, dem Kopf. (Abb. 37)

Variation: Ball mitnehmen statt Ball annehmen.

Abb. 37: Jeder nimmt seinen Ball an

Ballannehmen als Partnerspiel

Je 2 Spieler stehen sich gegenüber, werfen sich die Bälle halbhoch oder hoch zu und nehmen diese abwechselnd mit dem Fuß, Oberschenkel, Brust an. (Abb. 38)

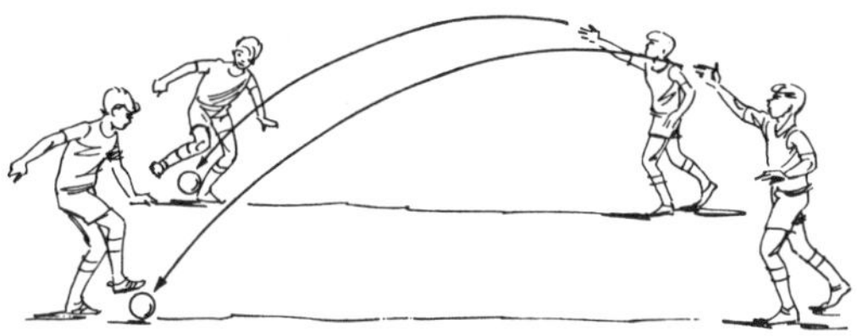

Abb. 38: *Ballannehmen als Partnerspiel*

Ballannehmen in der Staffel

Es werden mehrere Mannschaften mit je vier bis sechs Spielern gebildet. Ein jeweils vor der Staffel stehender Spieler wirft den Ball zu, der, je nach Aufgabenstellung, mit dem Fuß, Oberschenkel oder Brust angenommen und anschließend mit Flachpaß zurückgespielt werden muß. Danach stellt sich der betreffende Spieler hinten an. Jeder Spieler der Staffel sollte einmal zuwerfender Spieler gewesen sein. (Abb. 39)

Abb. 39: *Ballannehmen in der Staffel*

Spiel mit der Wand zu zweien

Zwei Spieler stehen hintereinander, im Abstand von 3 m, vor der Wand. Spieler A paßt den Ball gegen die Wand und tauscht anschließend möglichst schnell seinen Platz mit Spieler B, der den Ball annimmt und nun seinerseits gegen die Wand paßt usw. (Abb. 40)

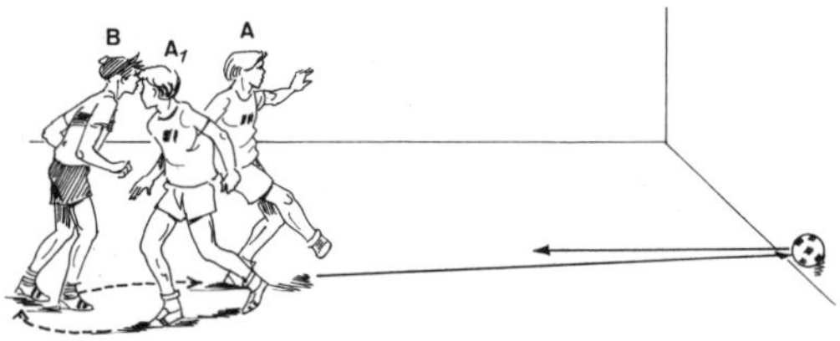

Abb. 40: *Spiel mit der Wand zu zweien*

Entfernung von der Wand sowie Paßstärke sollen laufend variiert werden.

An- und Mitnehmen bei Scheinangriff

Zwei Spieler A und B stehen sich etwa 6 m gegenüber. Spieler A hat den Ball. Er paßt flach zu B, läuft seinem Paß hinterher und führt einen Scheinangriff auf B aus. Dieser nimmt den Ball an, läßt mit einer geschickten Körpertäuschung A ins Leere laufen und nimmt gleichzeitig den Ball in Richtung A mit. B dribbelt bis zur Ausgangsposition von A, paßt nun seinerseits zu A, der die Position von B eingenommen hat, läuft hinterher usw. (Abb. 41)

Abb. 41: *An- und Mitnehmen bei Scheinangriff*

Ballmitnehmen und Torschuß aus der Drehung

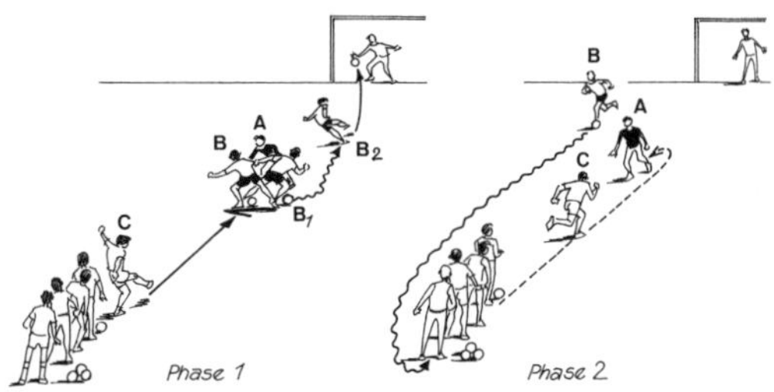

Abb. 42: *Ballmitnehmen und Torschuß aus der Drehung*

Die Spieler stehen etwa an der Mittellinie hintereinander. Vor ihnen, etwa 20 m vor dem Tor, stehen zwei weitere Spieler (A und B), hintereinander, mit dem Rücken zum Tor. A ist der Abwehrspieler, B der Stürmer, C der vorderste Spieler der Reihe an der Mittellinie, paßt den Ball zu B. Dieser nimmt den Ball in Drehung (möglichst nach einer Körpertäuschung) an und mit, läuft an A vorbei und schießt auf das Tor. Während B seinen Ball holt und sich in der Reihe hinten anstellt, läuft C auf die Position von A (Abwehrspieler), A rückt auf die Stürmerposition von B vor und erwartet den erneuten Paß von der Mittellinie usw. (Abb. 42)

Stundenbild

Aufwärmen

Tigerball mit zwei Ballkontakten

Sechs bis acht Spieler bilden einen Kreis. Sie passen sich den Ball untereinander zu, wobei der Ball vor dem Abspiel erst angenommen werden muß. Im Kreis befinden sich zwei Spieler („Tiger"), die versuchen, den Ball zu erobern. Gelingt dies einem Tiger, so löst er denjenigen im Kreis ab, der den Ball schlecht angenommen oder schlecht gepaßt hat. (Abb. 43)

Abb. 43: Tigerball mit 2 Ballkontakten

Üben

Ball annehmen

Zwei Spieler stehen sich etwa 20 m gegenüber. A paßt flach, halbhoch, hoch zu B, dieser nimmt den Ball situationsgerecht (mit Fuß, Oberschenkel, Brust) an und paßt seinerseits zu A usw. (Abb. 44)

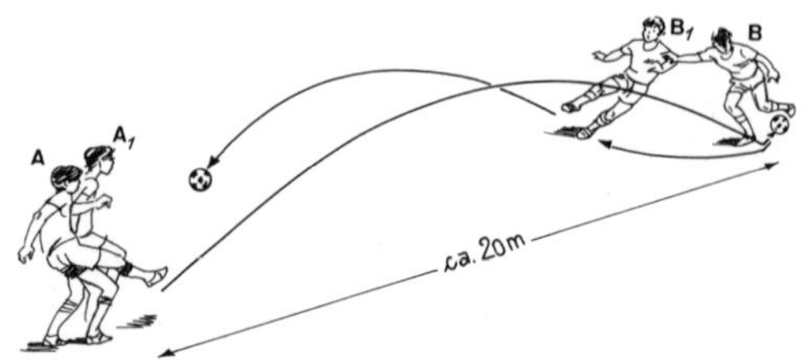

Abb. 44: Ball annehmen

Einwurf annehmen

Zwei Spieler (A und B) stehen sich etwa 10 m gegenüber. A wirft den Ball regelgerecht ein, B nimmt diesen mit dem Fuß, Oberschenkel, Brust an und paßt zu A zurück. (Abb. 45) Nach einer Serie von 10 bis 12 Einwürfen erfolgt ein Aufgabenwechsel.

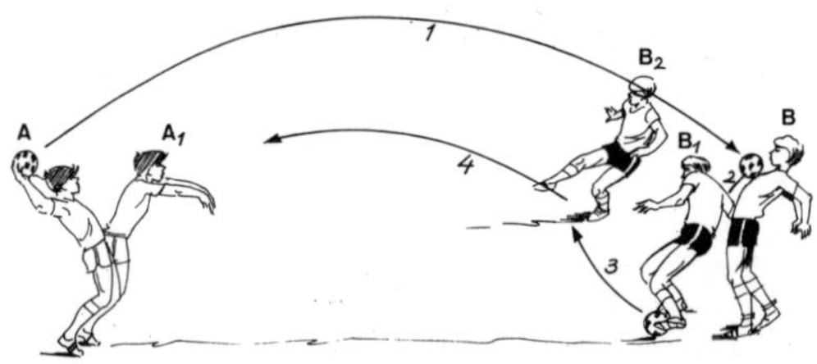

Abb. 45: Einwurf annehmen

Ball annehmen mit Behinderung

Spieler A schlägt auf seinen Mitspieler B, der manngedeckt ist von C, einen weiten Paß, den dieser, trotz Behinderung, annehmen soll. Danach paßt B wieder zu A zurück. Nach einer Serie von 10 bis 12 Pässen erfolgt ein Rollenwechsel. (Abb. 46)

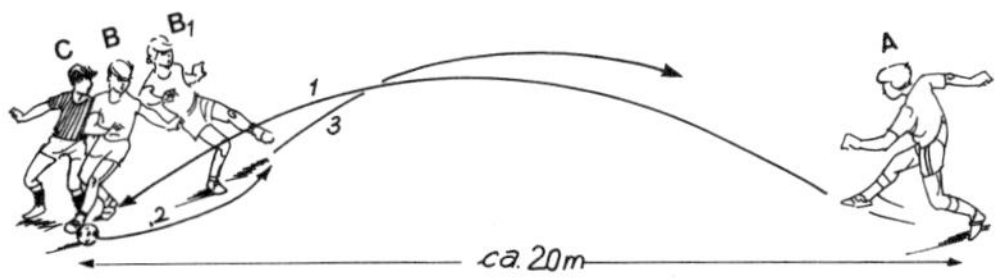

Abb. 46: Ball annehmen mit Behinderung

Spielen

Kapitänsball

Zwei Mannschaften spielen gegeneinander Fußball ohne Tore. In jeder Mannschaft befindet sich ein „Kapitän", der besonders gekennzeichnet ist (Trikot, Band o. ä.). Diejenige Mannschaft, der es gelingt, ihrem Kapitän den Ball so zuzuspielen, daß dieser ihn stoppen kann (Fuß, Oberschenkel, Brust), erhält einen Punkt. Die Gegenmannschaft versucht, dies regelgerecht zu verhindern und *ihren* Kapitän ins Spiel zu bringen. Der Kapitän sollte mehrfach gewechselt werden. (Abb. 47)

Abb. 47: Kapitänsball

Ballführen (Dribbeln)

Vorbemerkung

Nicht immer kann der Raum zum gegnerischen Tor durch Zusammenspiel überwunden werden. Sieht ein Spieler keine Abspielmöglichkeit, die eigenen Mitspieler sind alle manngedeckt und ein riskantes Zuspiel könnte Ballverlust bedeuten, so wird er den Ball weiterführen (dribbeln) und versuchen, ihn solange gegen angreifende Gegenspieler zu *sichern*, bis sich ein Mitspieler freigelaufen hat und dieser unbehindert angespielt werden kann. Mit einem Dribbling kann ein Spieler aber auch das Ziel verfolgen, einen größeren Raum zum gegnerischen Tor möglichst rasch zu überwinden, um im *Alleingang* ein Tor zu erzielen. Es lassen sich zusammenfassend zwei grundlegende Formen des Ballführens unterscheiden:

(1) Das *ballhaltende Dribbling* auf engem Raum, mit dem Ziel der Ballsicherung für die eigene Mannschaft in Verbindung mit der Suche nach einer geeigneten Abspielmöglichkeit.

(2) Das *raumüberwindende Dribbling,* bei dem der Ball in hohem Lauftempo kontrolliert „vorgetrieben" wird, um zu einem Abschluß (Torschuß, Flanke oder Abspiel) zu kommen.

Technik-/Bewegungsbeschreibung

In Abhängigkeit von der jeweiligen Spielsituation, von der Entfernung zum Gegner und dem Lauftempo, hat der Spieler beim Ballführen mehr oder weniger engen Kontakt mit dem rollenden Ball.

Bodenverhältnisse und technische Fertigkeit beeinflussen das Ganze zusätzlich. Beim *ballhaltenden Dribbling* wird der Ball in mäßigem Lauftempo meist eng am Fuß geführt. Dabei wird er etwa bei jedem zweiten Laufschritt auf der Höhe des Standbeins in die vorgesehene Laufrichtung gespielt. Für diese Technik eignet sich der Stoß mit dem Spann (Innen-, Außen-, Vollspann) oder der Innenseite des Fußes.

Der leicht über den Ball gebeugte Oberkörper schirmt den Ball gegen den Angreifer ab.

Je näher sich der Gegenspieler befindet, um so enger wird der Ball am Fuß geführt.

Beim *raumgewinnenden Dribbling* wird der Ball in hohem Lauftempo geradlinig nach vorn gespielt. Dabei wird er weiter „vorgelegt", so daß er nur bei jedem dritten oder vierten Laufschritt berührt wird, jedoch immer nur so weit, daß er jederzeit vor einem angreifenden Gegenspieler erreicht und gesichert werden kann. Als Stoßart bietet sich hierbei nur der Spann an; beim Spiel mit der Innenseite würde die Laufbewegung unökonomisch und langsam.

Abb. 48

Bei der Schulung des Dribblings sollen folgende Fähigkeiten erlernt bzw. gefestigt werden:

(1) Den Ball eng am Fuß führen (Kontrollierte Ballführung!). (Abb. 48)

Abb. 49

(2) Den Ball möglichst mit dem gegnerfernen Bein spielen, um ihn mit dem eigenen Körper gegen einen angreifenden Gegenspieler abzuschirmen (Körper zwischen Ball und Gegner!). (Abb. 49)

(3) Während des Dribbelns den Blick weitestgehend vom Ball lösen, um die Spielumgebung zu beobachten (Spielübersicht bewahren!).

(4) Entsprechend der Spielsituation beim Ballführen Tempo und Richtung verändern.

(5) Sich am Ball behaupten und in bedrängten Situationen durchsetzen.

(6) Den Gegner umspielen.

Spiel- und Übungsformen

Kreislauf

Die Spieler laufen in einer Dreier- oder Vierergruppe im Kreis. Jeder Spieler führt seinen Ball möglichst eng am Fuß: in Uhrzeigerrichtung mit der rechten Außenseite, gegen die Uhrzeigerrichtung mit der rechten Innenseite. Schließlich im Wechsel von Außen- und Innenseite. (Abb. 50)

Schattendribbeln

Jeweils zwei Spieler bilden ein Paar, beide haben einen Ball. Spieler A dribbelt kreuz und quer über den Platz, Spieler B folgt ihm dichtauf als sein „Schatten", ebenso dribbelnd. Nach einiger Zeit erfolgt ein Rollenwechsel. Die Spieler bemühen sich, möglichst abwechslungsreich zu dribbeln: mit der Innenseite, mit der Außenseite, mit dem rechten Fuß, mit dem linken Fuß, mal schnell, mal langsam, mit Ballanhalten, mit plötzlichen Richtungswechseln usw. (Abb. 51)

Dribbelslalom

Acht bis zehn Spieler stehen in einem Kreis, der Abstand zwischen den Spielern beträgt etwa 3 m. Spieler A beginnt. Er dribbelt in

Abb. 50: Kreislauf

Abb. 51: Schattendribbeln

Schlangenlinie durch seine Gruppe bis zu einem Ausgangsplatz zurück. Der nächste setzt die Slalomrunde fort usw.

Bei mehreren Kreisen kann der Slalom auch als Wettbewerb ausgetragen werden. Wer ist zuerst durch? (Abb. 52)

Abb. 52: Dribbelslalom

Dribbelstaffel

Je vier bis sechs Spieler stehen sich hintereinander im Abstand von etwa 15 m gegenüber. In Form einer Pendelstaffel versuchen die Spieler, den Ball möglichst schnell auf die

Abb. 53: Dribbelstaffel

gegenüberliegende Seite zu führen. Der Ball darf dabei nicht vor dem Wechselstrich abgegeben werden. Welche Gruppe steht als erste wieder auf ihrem ursprünglichen Platz? (Jeder Spieler ist also hin- und zurückgelaufen.) (Abb. 53)

Dribbelspiel

Alle Spieler laufen mit ihrem Ball am Fuß in einem abgegrenzten Feld durcheinander. Keiner darf den anderen absichtlich stören. Wer zusammenstößt, bleibt am Platz stehen und muß pausieren.

Wer dribbelt am längsten? Ball eng führen, Kopf hoch, schauen! (Abb. 54)

Variation: Die Spieler dürfen sich gegenseitig die Bälle mit den Füßen wegspielen, ohne sich dabei aber zu behindern. Der Spieler, dessen Ball weggeschlagen wurde, setzt aus.

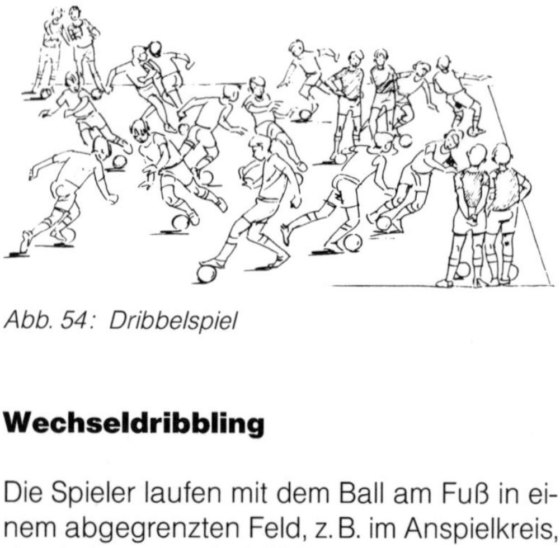

Abb. 54: Dribbelspiel

Wechseldribbling

Die Spieler laufen mit dem Ball am Fuß in einem abgegrenzten Feld, z. B. im Anspielkreis, durcheinander. Auf Pfiff wechseln sie möglichst schnell (raumgreifendes Dribbling) in ein anderes abgegrenztes Feld, z. B. in den

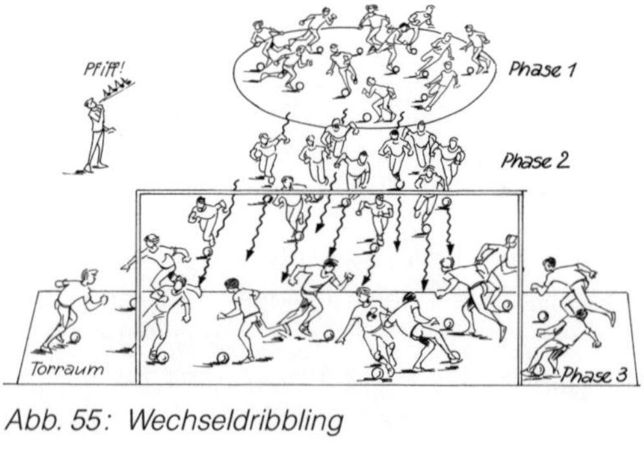

Abb. 55: Wechseldribbling

5-m-Raum. Von dort erfolgt wiederum ein schneller Wechsel, z.B. in den gegenüberliegenden 5-m-Raum usw. (Abb. 55)

Bälle rauben

Auf den 4 Seitenlinien eines Quadrates (etwa 20 mal 20 m) sitzt je eine Mannschaft mit jeweils vier bis sechs Spielern. In einem inneren kleinen Quadrat liegt für jeden Spieler ein Ball. Auf Pfiff werden die Bälle „geraubt" und mit ihnen zum Ausgangspunkt zurückgedribbelt. Welche Mannschaft sitzt zuerst wieder auf ihrer Seitenlinie? (Abb. 56)

Abb. 56: Bälle rauben

Brückenwächter

Die Spieler stehen, jeweils mit einem Ball, an der Breitseite eines Spielstreifens, der etwa 10 m breit und 30 m lang ist. In der Mitte des Spielstreifens wird eine etwa 5 m breite „Brücke" durch zwei Linien (Hütchen) markiert, die von zwei bis drei „Brückenwächtern" bewacht wird. Die Spieler versuchen, über die Brücke zur anderen Breitseite mit dem Ball zu dribbeln, ohne daß dieser ihnen von den Brückenwächtern abgejagt wird. Wer seinen Ball verliert, wird zum neuen Brückenwächter, der bisherige dribbelt jetzt mit. (Abb. 57)

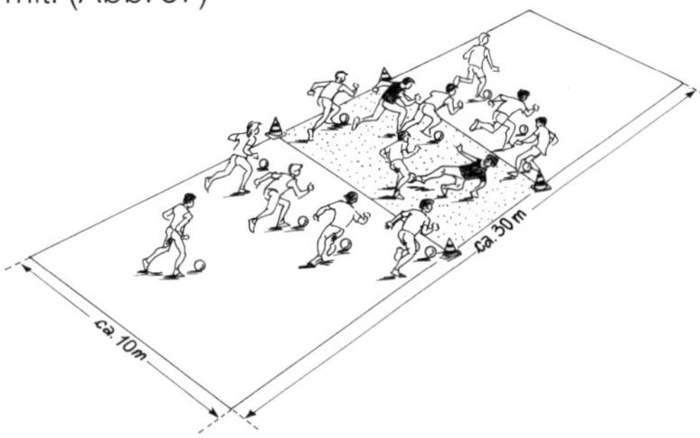

Abb. 57: Brückenwächter

Linienfußball

Zwei Mannschaften spielen in einem begrenzten Spielfeld gegeneinander Fußball. Jede Mannschaft versucht, wenn sie im Ballbesitz ist, sich den Ball so geschickt zuzuspielen, daß er schließlich über die gegnerische Torauslinie *gedribbelt* werden kann. (Abb. 58)

Abb. 58: Linienfußball

Stundenbild

Aufwärmen

Dribbeln im Viereck

Die Spieler laufen mit dem Ball am Fuß in einem durch Fähnchen abgegrenzten Viereck durcheinander. Jedes Fähnchen wird mit einer Zahl von 1 bis 4 gekennzeichnet. Wird eine Zahl aufgerufen (Lehrer/Trainer oder Schüler), so dribbeln die Spieler möglichst schnell zu dem entsprechenden Fähnchen. (Abb. 59)

Abb. 59: Dribbeln im Viereck

Kampf um den Ball

Abb. 60: Kampf um den Ball

Je zwei Spieler kämpfen in einem abgegrenzten Feld gegeneinander um den Ball. Wer hat den Ball beim „Halt" des Lehrers/Trainers unter der Sohle? (Abb. 60)

Üben

Dribbeln zu dritt

Zwei Spieler, A und B, stehen einem dritten, C, im Abstand von etwa 15 m gegenüber. A dribbelt den Ball zu C, übergibt ihn dort und nimmt die Position von C ein. C dribbelt zu B, übergibt den Ball, B dribbelt wieder zu A usw. (Abb. 61)

Variation: Dribbeln mit der Innenseite, mit der Außenseite;

Hinweis: Diese Übungsform ist sehr intensiv, auf ausreichende Pausengestaltung ist zu achten!

Abb. 61: Dribbeln zu dritt

Dribbeln durch Fähnchentore

Je zwei Spieler haben einen Ball. Spieler A versucht, mit dem Ball möglichst oft durch mehrere kleine Fähnchentore hindurchzudribbeln (Dribbling durch ein Fähnchentor = Tor). Spieler B versucht dies als Gegenspieler zu verhindern.

Abb. 62: Dribbeln durch Fähnchentore

Wechseln nach einer vereinbarten Zeit. Wer erzielt die meisten Tore? (Abb. 62)

Jeder gegen jeden

Auf einem abgegrenzten Spielfeld (etwa 10 mal 20 m) stehen sich zwei Mannschaften mit je drei Spielern gegenüber. Es werden drei Spielpaare gebildet, die jeweils nacheinander, im Kampf eins gegen eins, versuchen, den Ball über die gegnerische Torlinie zu dribbeln. Ein Zweikampf ist erst beendet, wenn ein Spieler ein „Tor" erzielt hat. Die jeweils beiden anderen Spieler warten hinter den Torauslinien. Nach einem beendeten Zweikampf tritt das nächste Paar gegeneinander an usw. (Abb. 63)

Das Spiel ist beendet, wenn jeder gegen jeden angetreten ist.

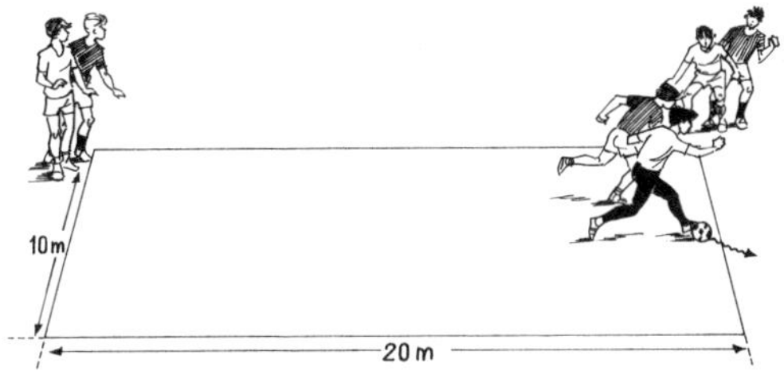

Abb. 63: Jeder gegen jeden

Spielen

Linienfußball

Zwei Mannschaften spielen regelgerecht gegeneinander. Als Tore dienen jeweils die gesamten Torauslinien, über die der Ball gedribbelt werden muß.

Kopfballspiel

Vorbemerkung

In vielen Spielsituationen kommt dem Kopfballspiel erhebliche Bedeutung zu. Das Spielen gegen eine verstärkte Abwehr fordert z. B. ein gesteigertes Angriffsspiel über die Flügel. Die Bälle, die von dort in den Strafraum geflankt werden, müssen direkt auf das Tor geköpft oder mit dem Kopf zu einem Mitspieler weitergeleitet werden; die gegnerischen Abwehrspieler müssen dagegen die hereingespielten Bälle möglichst zielgerichtet aus der Gefahrenzone vor dem Tor köpfen. Auch bei Eckstößen und Freistößen vor das Tor, sog. Standardsituationen, spielt das Kopfballspiel oft eine entscheidende Rolle. Aufgrund der hohen taktischen Bedeutung sollte daher das Kopfballspiel so früh wie möglich erlernt und systematisch trainiert werden.

Technik-/Bewegungsbeschreibung

Beim Kopfstoß aus dem Stand sind die Beine in Schritt- oder Parallelstellung und in den Knien leicht gebeugt. Der Oberkörper wird zu einer Ausholbewegung nach hinten geneigt (Bogenspannung), das Kinn wird zur Brust genommen und der Kopf durch die Hals- und die Nackenmuskulatur festgestellt. Aus dieser Position wird dann der Oberkörper zu einem kräftigen Stoß nach vorn geschwungen. Dieser Stoßimpuls wird durch eine schnellkräftige Streckung der Beine unterstützt. Der Ball wird grundsätzlich frontal mit der Stirn getroffen. Während des gesamten Bewegungsablaufes sind die Augen stets geöffnet (vgl. Abb. 64). Der Kopfstoß aus dem Sprung entspricht im Bewegungsablauf weitestgehend dem Kopfstoß aus dem Stand. Er kann am Ort mit beidbeinigem Absprung oder aus dem Lauf mit einbeinigem Anlauf ausgeführt werden. Als wichtiges Element kommt hier das sog. „Timing" (= präzise Raum-Zeit-Einteilung) verstärkt hinzu.

Abb. 64: Das Kopfballspiel

Spiel- und Übungsformen

Hinweis: Um Kindern die Angst vor dem Kopfstoß zu nehmen, sollte bei der Einführung bzw. dem Üben des Kopfballspieles darauf geachtet werden, nicht mit zu schweren, zu harten oder naßen Bällen zu spielen. Am besten eigenen sich hierfür Jugendfußbälle, Volleybälle oder auch Softbälle.

Zweierspiel

Spieler A steht in einem Fähnchentor Spieler B im Abstand von 3 m bis 5 m gegenüber. B wirft den Ball hoch zu A, dieser köpft als Abwehrspieler zurück (Rollenwechsel).

Anschließend wirft A den Ball hoch zu B, dieser köpft als Stürmer auf das Tor zurück (Rollenwechsel).

Schließlich wird der Ball nicht mehr gefangen, sondern möglichst oft hin und her geköpft. (Abb. 65)

Abb. 65: Zweierspiel

Dreierspiel

Zwei Spieler, A und B, stehen sich im Abstand von 6 m bis 8 m gegenüber.

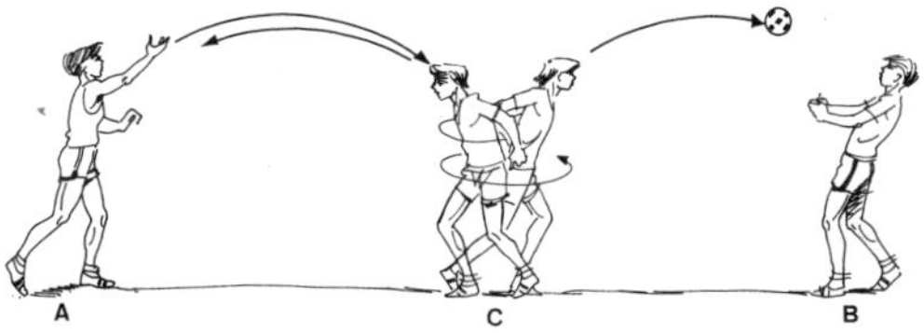

Abb. 66: Dreierspiel

Zwischen ihnen steht in der Mitte Spieler C. Spieler A wirft den Ball hoch dem ihm zugewandten Mitspieler C zu, dieser köpft zu A zurück. C dreht sich nun blitzschnell um, um den von B hoch zugeworfenen Ball zurückzuköpfen usw.

Nach einer Serie von 10 bis 12 Kopfstößen wird der Mittelspieler ausgetauscht. (Abb. 66)

Kopf-Torball

In einem kleinen Spielfeld (4 m mal 8 m) stehen sich zwei Spieler gegenüber, die gegenseitig versuchen, durch Kopfstöße aus der

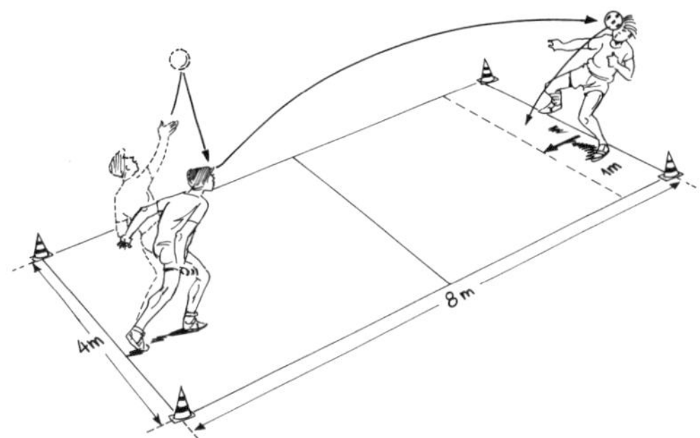

Abb. 67: Kopf-Torball

eigenen Hälfte Tore zu erzielen. Wird der Ball vom Torwart mit dem Kopf abgewehrt, darf er beim nächsten eigenen Kopfstoß 1 m über die Mittellinie vorrücken. (Abb. 67)

Kopfball nach Anlauf

Zwei Spieler stehen nebeneinander. Spieler A hat den Ball. Spieler B läuft etwa 10 m von A weg, kehrt um und läuft auf A zu. Dieser

Abb. 68: Kopfball nach Anlauf

wirft ihm den Ball hoch zu, den B mit Anlauf (Absprung mit einem Bein) zurückköpft. Nach einer Serie von 6 bis 8 Kopfstößen erfolgt ein Wechsel. (Abb. 68)

Kopfballstaffel

Sechs bis acht Spieler stehen in der Staffel und köpfen nacheinander den zugeworfenen Ball wieder zurück und stellen sich anschließend wieder hinten an. (Abb. 69)

Variation:

(1) der zugeworfene Ball wird erst mit der Stirn vorgestoppt und dann zurückgeköpft (Verfeinerung des Ballgefühls, Schulung der Ausholbewegung);

(2) die Spieler sitzen in der Staffel und köpfen den zugeworfenen Ball sitzend zurück (Schulung der Ausholbewegung).

Abb. 69: Kopfballstaffel

Kopfball zur Seite

Die Spieler stehen hintereinander in der Staffel. Sie köpfen aus dem Lauf im Sprung (Absprung mit einem Bein) Bälle zurück, die ihnen ein seitlich stehender Mitspieler zuwirft. Anschließend stellen sich die Spieler auf der gegenüberliegenden Seite wieder auf usw. (Abb. 70)

Abb. 70: Kopfball zur Seite

Hinweis: Es muß stets darauf geachtet werden, daß der Oberkörper in die gewünschte Stoßrichtung gedreht wird und mit der Stirn geköpft wird!

Kopfball über die Schnur

Sechs bis acht Spieler stehen hintereinander hinter einer Schnur, die in Sprunghöhe angebracht ist. Ein Zuwerfer, der vor ihnen steht, wirft die Bälle knapp über die Schnur, die ihm wieder präzise in die Hand zurückgeköpft werden. Anschließend stellen sich die Spieler wieder hinten an. Welche Staffel ist als erste durch? (Abb. 71)

Abb. 71: Kopfball über die Schnur

Kreiskopfball

Sechs bis acht Spieler stehen im Kreis und köpfen sich den Ball zu. Jeder darf zu jedem spielen, am besten nach vorherigem Zuruf. Welche Gruppe kann den Ball am längsten hochhalten? (Abb. 72)

Abb. 72: Kreiskopfball

Stundenbild

Aufwärmen

Handball-Kopfballspiel

Zwei Mannschaften mit jeweils sechs bis acht Spielern spielen in einem begrenzten Feld gegeneinander nach Handballregeln. Als Tore dienen die Torauslinien in ihrer gesamten Breite (Stirnseiten in der Halle). Tore können jedoch nur erzielt werden, wenn ein Spieler den Ball nach einem Zuspiel über die gegnerische Torlinie köpft. Dabei darf jeder Spieler der gegnerischen Mannschaft als Torwart agieren. (Abb. 73)

Abb. 73: Handball-Kopfballspiel

Üben

Handball-Kopfball 3 gegen 3

Vgl. Handball-Kopfballspiel; es spielen jedoch auf einer begrenzten Spielfläche (etwa 15 m mal 20 m) nur drei Angreifer gegen drei

Abb. 74: Handball-Kopfball 3 gegen 3

Abwehrspieler auf Fähnchentore. Das Zusammenspiel der angreifenden Mannschaft erfolgt durch Zuwurf oder Kopfballspiel. Dabei muß nach einem Zuwurf mit der Hand der Ball mit dem Kopf gespielt werden, erst dann darf er wieder mit der Hand aufgenommen werden. Tore können nur mit dem Kopf erzielt werden. Abwehrspieler, die im Tor stehen, dürfen den Ball nicht mit der Hand spielen. Nach einem Tor oder bei Ballverlust erfolgt der Angriff der gegnerischen Mannschaft. (Abb. 74)

Dreierspiel (Beschreibung s. S. 39)

Kopfstoßserien mit unterschiedlicher Zielsetzung: genaue Kopfstöße, wuchtige Kopfstöße; Kopfstöße mit und ohne Anlauf; Kopfstöße nach Absprung mit einem Bein, mit beiden Beinen usw.

Spielen

Kopfballtennis

Zwei Mannschaften mit je vier Spielern spielen auf einem begrenzten Spielfeld (6 m mal 12 m) über eine etwa 1 m hoch gespannte Schnur (Baustellenband) Fußballtennis.

Jede Mannschaft hat drei Ballkontakte, wobei ein Spieler den Ball nicht zweimal hin-

Abb. 75: Kopfballtennis

tereinander berühren darf. Der Ball kann mit dem Bein, der Brust oder dem Kopf volley oder nach einem Bodenkontakt zugespielt werden, wobei das Hinüberstoßen in die gegnerische Hälfte jeweils mit dem Kopf erfolgen muß. Die Hinterspieler werden also die Bälle nach vorne servieren, die Vorderspieler bringen die Kopfbälle an. (Abb. 75)

Freilaufen und Decken

Vorbemerkung

Freilaufen (Anbieten) sowie das „Decken" eines Gegners sind individualtaktische, nicht positionsgebundene Verhaltensweisen in Abhängigkeit von der jeweiligen Spielsituation.

Vereinfacht gesagt: Ist die gegnerische Mannschaft in Ballbesitz, werden die Gegenspieler gedeckt – ist die eigene Mannschaft in Ballbesitz, wird sich freigelaufen.

Freilaufen

Planvolles Freilaufen ist Grundlage für ein erfolgreiches Angriffsspiel. Ziel des Freilaufens ist es,

(1) sich der Abschirmung des Gegenspielers zu entziehen und sich zum Abspiel anzubieten

oder

(2) den Gegenspieler an sich zu binden („mitzunehmen"), um einem Mitspieler einen freien Raum zu schaffen.

Die Spieler einer Mannschaft sollten sich grundsätzlich unter Ausnutzung des gesamten zur Verfügung stehenden Spielraumes freilaufen, so daß der ballführende Spieler zwischen verschiedenen Abspielmöglichkeiten wählen kann. (Abb. 76) Die Richtung des Freilaufens, d.h., ob man sich vom Ballführenden wegbewegt oder zu ihm hinläuft, wird durch die jeweilige Spielsituation und durch das Verhalten von Mit- und Gegenspielern bestimmt.

Beim Freilaufen sollte darüber hinaus folgendes beachtet werden:

- Dem ballführenden Mitspieler stets durch Freilaufen (Anbieten) helfen. Dabei den richtigen Zeitpunkt wählen (vorher Blickkontakt suchen!).
- Vor dem Lauf in den freien Raum auf etwaige Abseitspositionen achten.
- Wenn möglich, stets den direkten Weg zum gegnerischen Tor freimachen.

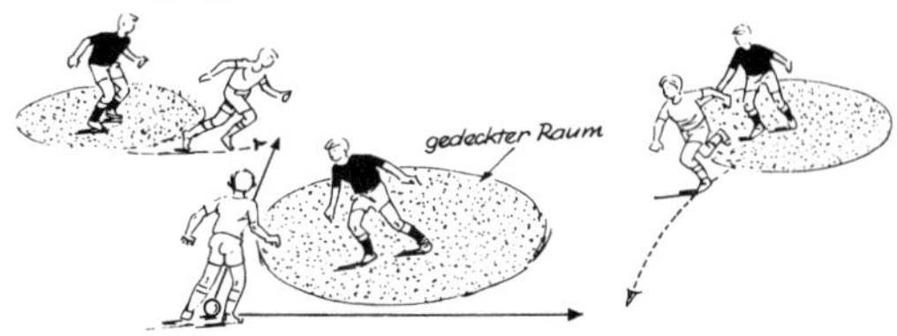

Abb. 76: Freilaufen

Decken

Ziel des Deckens eines Gegners ist es, diesen nicht in Ballbesitz kommen zu lassen. Kommt es zu einem Zuspiel, so versucht der verteidigende Spieler, den Ball vor dem Gegenspieler abzufangen oder ihn bei der Ballannahme zu stören.

Beim Decken ist folgendes zu beachten:

- Den Ball und den direkten Gegenspieler stets im Auge behalten.

– Sich schräg hinter dem Gegenspieler und auf der ballnahen Seite des Gegenspielers bewegen.

– Sich zwischen Gegenspieler und eigenem Tor bewegen, d. h., den kürzeren Weg zum Tor verteidigen.

Spiel- und Übungsformen

Spiel 3 gegen 1

Zum Erkennen und Erlaufen des freien Raumes ist dieses Spiel besonders geeignet, denn zwei Spieler der zusammenspielenden Dreiergruppe müssen in die stets wechselnden freien Räumen laufen.

Drei Spieler passen sich den Ball zu, ein Gegenspieler versucht zu stören. Gelingt es dem Gegenspieler, den Ball zu berühren, so darf er seinen Defensivposten mit dem Angreifer tauschen, der den Ball zuletzt gespielt hat. Im folgenden wird dieses Spiel in drei Phasen demonstriert.

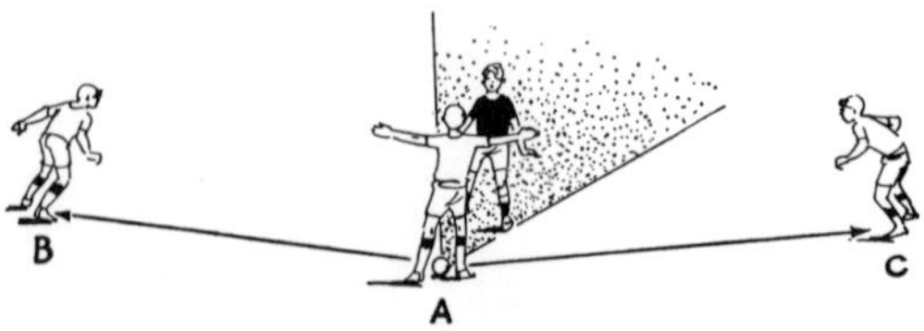

Abb. 77: 3 gegen 1 (1. Phase)

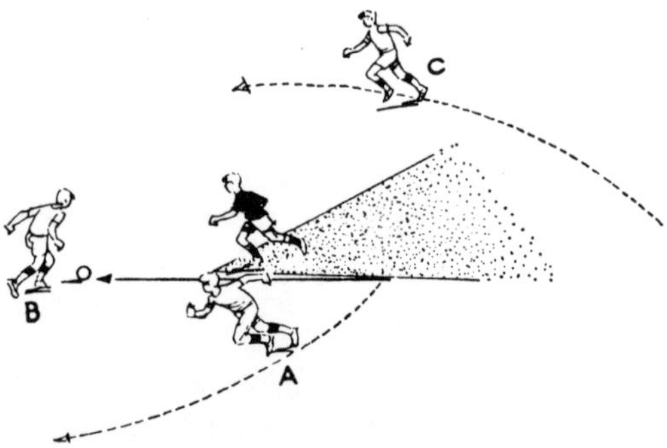

Abb. 78: 3 gegen 1 (2. Phase)

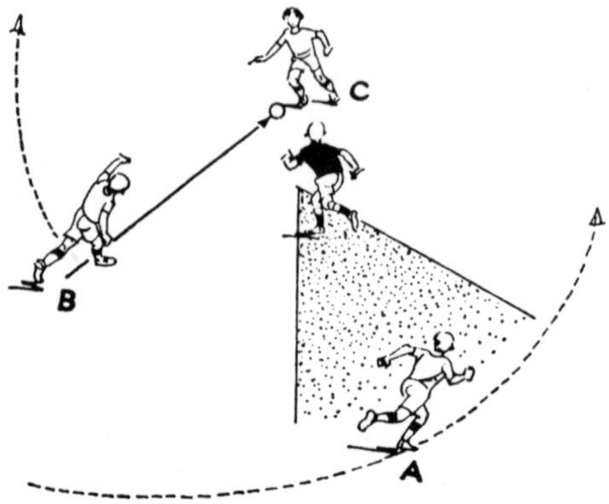

Abb. 79: 3 gegen 1 (3. Phase)

1. Phase: Spieler A hat den Ball. Seine beiden Mitspieler B und C stehen seitlich neben ihm. A zeigt mit ausgestreckten Armen seine beiden Abspielmöglichkeiten an. Der Gegenspieler versucht, anzugreifen. (Abb. 77)

2. Phase: Bevor der Gegner angreifen kann, spielt A den Ball zu B. Er läuft nach seinem Abspiel sofort in den neuen freien Raum neben B. Inzwischen hat sich C wieder den freien Raum auf der anderen Seite des angespielten B erlaufen. (Abb. 78)

3. Phase: Nun spielt B den Ball zu C, bevor der Gegenspieler angreifen kann. A hat sich inzwischen wieder im freien Raum neben C angeboten, und das Spiel wiederholt sich. (Abb. 79)

Wenn die beiden Außenspieler nicht gegeneinander laufen (sich also nicht hinter dem Rücken des Gegenspielers kreuzen), dann sind sie vom Gegenspieler kaum zu decken.

Diese Grundform des Freilaufens sollte von allen Spielern „blind“ beherrscht werden.

Spiel 4 gegen 2

Vier Spieler passen sich den Ball zu, zwei Gegenspieler versuchen, zu stören. Gelingt es einem Gegenspieler, den Ball zu berühren, so darf er seinen Defensivposten mit dem Angreifer tauschen, der den Ball zuletzt gespielt hat.

Abb. 80: Spiel 4 gegen 2

Im Unterschied zum Spiel 3 gegen 1 hat der ballbesitzende Spieler nicht nur die beiden Anspielmöglichkeiten zur Seite, sondern noch eine dritte: das Abspiel durch die Gasse. Deshalb muß der vierte Spieler immer auf „Lücke“ laufen, muß seinen freien Raum gegenüber vom ballbesitzenden Spieler suchen. (Abb. 80)

Spiel 3 gegen 1 im fliegenden Wechsel

Drei Mannschaften (A, B und C) mit je drei Spielern spielen auf einem abgegrenzten Spielfeld (etwa 40 mal 20 m) gleichzeitig gegeneinander. Zwei Mannschaften, A und B, besetzen die beiden Fähnchentore, jedoch werden die Tore jeweils nur von zwei Spielern gehütet. Der dritte Spieler stört vorgezogen die angreifende Mannschaft C. Verliert C den Ball oder gelingt ihr ein erfolgreicher Torschuß, nimmt sie die Positionen der bisher verteidigenden Mannschaft ein, und B greift nun Mannschaft A an usw. (Abb. 81)

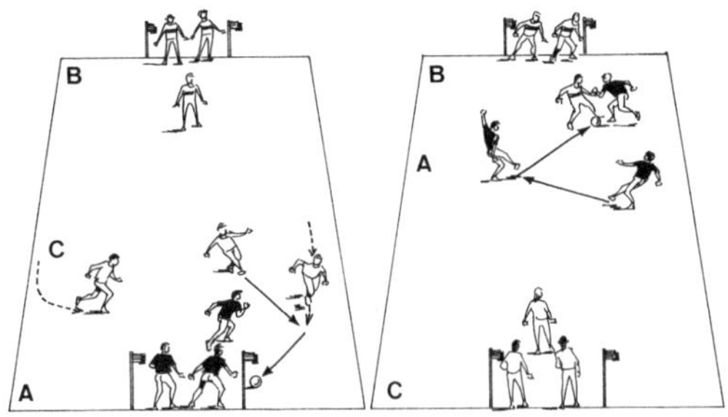

Abb. 81: 3 gegen 1 im fliegenden Wechsel

Spiel 4 gegen 2 im fliegenden Wechsel

Wie 3 gegen 1 im fliegenden Wechsel, siehe oben, jedoch spielen jetzt Vierermannschaften gegeneinander. Bei den abwehrenden Mannschaften hüten jeweils zwei Spieler das Tor, die beiden anderen stören vorgezogen die angreifende Mannschaft.

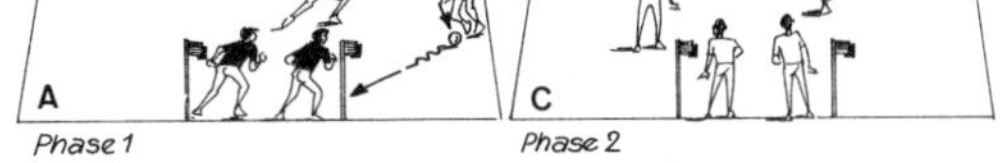

Abb. 82: 4 gegen 2 im fliegenden Wechsel

Vorgabe: Bei der angreifenden Mannschaft muß jeder Spieler den Ball berührt haben, bevor auf das Tor geschossen werden darf. (Abb. 82)

Nummernzusammenspiel

Zwei Mannschaften mit jeweils vier bis sechs Spielern spielen auf einem begrenzten Spielfeld gegeneinander, ohne Tore. Die Spieler sind jeweils fortlaufend durchnumeriert. Der Ball muß innerhalb der Mannschaften in der Reihenfolge 1 zu 2, 2 zu 3, ... 6 zu 1 usw. zugespielt werden. Jeder Spieler muß insbesondere auf seine beiden direkten Nummernnachbarn (Ballgeber bzw. Ballnehmer) achten. (Abb. 83)

Abb. 83: Nummernzusammenspiel

Spiel 2 gegen 2 mit König

Jeweils zwei Spieler spielen in einem abgegrenzten Kleinfeld (etwa 30 m mal 15 m) auf 2 Kleintore gegeneinander. Ein fünfter Spieler, der König, spielt immer mit der Mannschaft, die gerade im Ballbesitz ist. Er ist der Spielmacher. (Abb. 84)

Drei aus – 3 gegen 3 auf ein Tor

Drei Stürmer spielen gegen zwei Verteidiger und einen Torwart auf ein Tor. Nach jedem Torerfolg muß der Angriff wieder hinter einer Angriffslinie (etwa 25 m vom Tor entfernt) neu begonnen werden. Erobern die Verteidiger oder der Torwart den Ball, so schlagen sie ihn hinter die Angriffslinie zurück. Nach *drei Ausbällen* der stürmenden Partei wechseln die Aufgaben der Dreiermannschaften. Wer erzielt die meisten Tore? (Abb. 85)

Abb. 84: Spiel 2 gegen 2 mit König

Abb. 85: Drei aus – 3 gegen 3 auf ein Tor

Drei aus – 3 gegen 3 mit neutralem Torwart

Wie oben, jedoch spielen jetzt drei Stürmer gegen drei Abwehrspieler auf ein Tor, das von einem neutralen Torwart bewacht wird.

Die angreifende Mannschaft ist nun nicht mehr in der Überzahl, jeder Angreifer hat einen Abwehrspieler (Raumdeckung) oder *seinen* Abwehrspieler (Manndeckung). Nach drei Ausbällen der stürmenden Partei wechseln die Aufgaben der Dreiermannschaften. Wer erzielt die meisten Tore? (Abb. 86)

Abb. 86: Drei aus – 3 gegen 3 mit neutralem Torwart

3 gegen 3 auf zwei Tore

Je zwei Dreiermannschaften spielen auf einem Kleinfeld (etwa 30 m mal 15 m) auf zwei Tore, vor denen je ein Schußkreis angelegt ist. Es gibt keinen festen Torwart. Tore dürfen nur innerhalb der Schußkreise erzielt werden. (Am besten in Turnierform spielen!) (Abb. 87)

Abb. 87: 3 gegen 3 auf zwei Tore

Stundenbild

Aufwärmen

Rollball mit drei Bällen

Zwei Mannschaften spielen gegeneinander auf einem begrenzten Spielfeld (Halle). Sie versuchen, drei Medizinbälle jeweils über die gegnerische Grundlinie (Hallenwand) zu rollen. Die Bälle dürfen nicht getragen/geworfen werden. Wird ein Ball über die Grundlinie gerollt (Tor!), wechselt er zum Gegner. (Abb. 88)

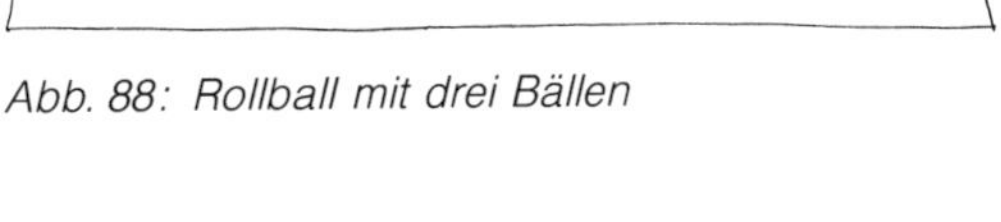

Abb. 88: Rollball mit drei Bällen

Üben

Parteiball als Handballspiel

Zwei Parteien mit je fünf bis sechs Spielern spielen in einem abgegrenzten Feld gegeneinander Handball ohne Tore.

Jede Mannschaft versucht, möglichst lange im Ballbesitz zu bleiben. Jedes gelungene Zuspiel zählt einen Punkt. Fünf Punkte in Folge, ohne Ballverlust, sind ein Tor. Wer erzielt die meisten Tore? Spielzeit etwa 5 Minuten. (Abb. 89)

Hinweis: Freilaufen und anbieten = weg vom Gegner, hin zum Mitspieler mit Ball!

Nach einer kurzen Erholungspause: Spiel wie bisher, jedoch mit Manndeckung, d. h., jeder Spieler hat seinen Gegenspieler.

Abb. 89: Parteiball als Handballspiel

Parteiball als Fußballspiel

Wie Parteiball als Handballspiel, jedoch erheblich größeres Spielfeld (z. B. halber Sportplatz bei 6 gegen 6). Spielzeit etwa 5 Minuten.

Nach einer kurzen Erholungspause: Spiel wie bisher, jedoch mit zwei Ballkontakten, d. h. die zweite Ballberührung muß das Abspiel zum Mitspieler sein.

Es gilt verstärkt die Regel: Anbieten, Helfen! – Hin zum Mitspieler mit Ball! (Abb. 90)

Abb. 90: Parteiball als Fußballspiel

Spielen

Spiel auf ein Tor

Die Mannschaften (jeweils mit fünf bis sechs Spielern) spielen auf ein Tor, um das ein Schußkreis gezogen ist (etwa 11 m) und das von einem neutralen Torwart bewacht wird. Beide Mannschaften dürfen gleichzeitig Tore erzielen (bzw. verhindern), sind also Stürmer und Abwehrspieler zugleich. Der Schußkreis darf nicht betreten werden. Der Torwart schlägt seine Bälle weit zur Spielfeldmitte. (Abb. 91)

Spielen auch auf der anderen Sportplatzhälfte gleichzeitig zwei Mannschaften auf ein Tor (große Klassen/Gruppen), so erfolgt nach 15 Minuten ein Wechsel der Mannschaften (z. B. Sieger gegen Sieger, Verlierer gegen Verlierer).

Abb. 91: Spiel auf ein Tor

Das Torwartspiel

Vorbemerkung

Es kann nicht Zielsetzung des Sportunterrichts sein, Schüler für bestimmte Spielpositionen spezifisch auszubilden. Eine Ausnahme macht jedoch die Position des Torwarts.

Der Torwart darf als einziger Spieler seiner Mannschaft den Ball im Strafraum mit den Händen spielen. Als letztlich entscheidender Mann in der Abwehr hat er die Aufgabe, Tore der gegnerischen Mannschaft zu verhindern oder mit wohlüberlegtem und präzisem Abwurf, Abstoß oder Abschlag einen Gegenangriff seiner Mannschaft einzuleiten.

In diesem Zusammenhang sollten die Schüler mit den wesentlichen Torwarttechniken vertraut gemacht werden:

- Aufnehmen und Sichern des Balles
- Fangen des Balles
- Fausten des Balles
- Abrollen, Springen und Hechten
- Abspielen des Balles (Abstoß, Abschlag, Abwurf).

Das Üben dieser technischen Fertigkeiten sollte jedoch nicht in Form von Einzelübungen erfolgen, vielmehr sollten Spielformen gefunden werden, die möglichst alle Schüler miteinbeziehen und nur gelegentlich durch gezielte Einzel- oder Partnerübungen ergänzt werden sollten.

Im übrigen sind vielfältige Torschußübungen und -spiele das beste Training für den Torwart.

Technik-/Bewegungsbeschreibung

Aufnehmen rollender Bälle

Der Torwart soll stets hinter dem Ball stehen (Körper immer zwischen Ball und Tor!). Die Beine sind nur so weit gegrätscht, daß kein Ball hindurchgelangen kann. Die Knie sind durchgedrückt.

Den rollenden Ball nimmt der Torwart beidhändig mit weitgespreizten Fingern auf. Die kleinen Finger zeigen zueinander, die Handrücken schräg zum Boden. Mit gestreckten Armen geht der Torwart beim Nachvornneigen dem Ball weit entgegen, zieht ihn an den Körper und sichert ihn vor der Brust. (Abb. 92) Bei seitlich einrollenden, nicht zu fest gespielten Bällen bringt sich der Torwart durch Seitwärtsschritte hinter dem Ball in Stellung (Abb. 93); häufig nimmt er die Bälle auch im Knien auf.

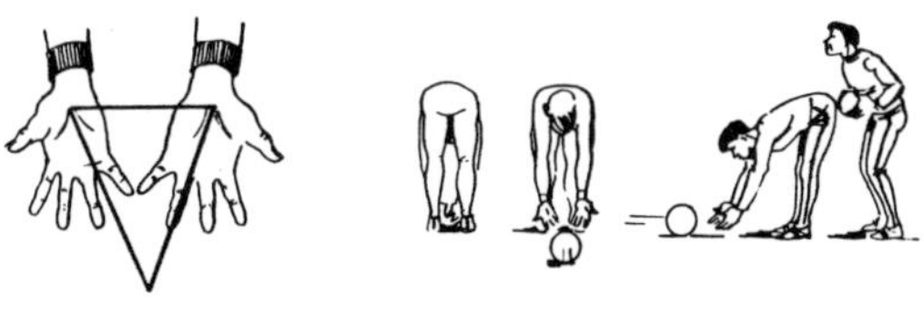

Abb. 92: Aufnehmen rollender Bälle

Abb. 93: Aufnehmen seitlich anrollender Bälle

Fangen des Balles

Flach bis hüfthoch gespielte Bälle fängt der Torwart beidhändig mit weitgespreizten Fingern. Die Hände werden dem Ball entgegengeführt, wobei die Handrücken zum Boden zeigen. Die Arme sind angewinkelt und liegen leicht am Körper an. (Abb. 94) Bei brust- bis sprunghoch ankommenden Bällen zeigen die Handrücken nach oben – außen. (Abb. 95)

Abb. 94: Fangen von flachen bis hüfthohen Bällen

Fängt der Torwart aus dem Anlauf im Sprung, springt er mit einem Bein ab. Bei fehlendem Platz, z.B. in bedrängter Situation, springt er auch mit beiden Beinen ab.

In jedem Fall wird der Ball nach dem Fangen zur Sicherung an den Körper gezogen.

Abb. 95: Fangen von brust- bis sprunghohen Bällen

Fausten des Balles

Wird der Torwart im Kampf um einen hoch vor das Tor gespielten Ball unmittelbar von gegnerischen Spielern bedrängt, so geht er kein Risiko ein und wählt alternativ zum Fangen die Faustabwehr. Beim beidarmigen Fausten werden die mit ihren Innenflächen aneinandergelegten Fäuste (die Handrücken zeigen nach außen) nach ein– oder beidbeinigem Absprung im Höhepunkt der Sprungkurve mit schnellkräftiger Armstrekkung von der Brust weg schräg aufwärts zum Ball gestoßen. (Abb. 96)

Abb. 96: Beidhändige Faustabwehr

Bei Schüssen aus kürzester Distanz, insbesondere bei denen dem Torwart die Sicht verdeckt ist oder die abgefälscht sind, ist oftmals nur eine reflexartige Abwehr mit einer Faust möglich. Die einarmige Faustabwehr entspricht im Bewegungsablauf dem beidarmigen Fausten, jedoch zeigen hier die Handrücken nach oben. (Abb. 97)

Abb. 97: Einhändige Faustabwehr

Abrollen, Springen und Hechten

Seitlich vom Torwart flach gespielte Bälle werden von diesem durch seitliches Abrollen erreicht. Der Torwart rollt sich aus seiner Bereitschaftsstellung über die Außenseite des Unterschenkels, des Oberschenkels, der Hüfte und des Oberkörpers ab. Der Körper wird dabei zur Sicherung hinter den Ball gebracht. Die Arme müssen vom Boden frei bleiben, damit der Ball sicher gefaßt werden kann. Kann der Ball nur mit völlig ausgestreckten Armen erreicht werden, so greift die untere Hand hinter den Ball, die obere

Abb. 98: Abrollen

Hand zur Sicherung von oben auf den Ball. (Abb. 98)

Fliegt der Ball so weit seitlich an, daß er durch Seitwärtsschritte oder Abrollen nicht mehr erreicht werden kann, so muß der Ball mit einem Hechtsprung gefangen oder weggefaustet werden. Dabei stößt sich der Torwart aus dem Stand oder nach Seitschritten explosiv vom Boden ab.

Während des Flugs zeigt die gesamte Vorderseite des gespannten Körpers nach vorn. Beim Greifen sind die Handflächen hinter dem Ball. Ist der Ball gefangen, wird er zur Sicherung sofort an die Brust gezogen. Die Landung in die Seitlage erfolgt durch Abrollen über die Seitenfläche von Oberkörper, Hüfte und Oberschenkel. (Abb. 99)

Abb. 99: Hechten

Abspielen des Balles

Gelangt der Torwart in Ballbesitz, kann er, sozusagen als erster Angriffsspieler der eigenen Mannschaft, mit einem weiten Abschlag

Abb. 100: Schlagwurf

aus der Hand oder einem präzisen Abwurf einen schnellen Gegenangriff einleiten, bevor der Gegner sich zur Abwehr formiert hat. (Abb. 100–103)

Abb. 101: Schwungwurf

Die Präzision der Abschläge, Abstöße und Abwürfe sind Grundlage für einen eventuellen Erfolg des Angriffs. Daher muß sich der Torwart durch stetes Üben dieser Techniken die nötige Sicherheit verschaffen.

Abb. 102: Abstoß vom Boden

Folgendes ist beim Abspielen des Balles zu beachten:

- Nicht zu lange mit dem Abspielen warten, damit dem Gegner nicht die Gelegenheit gegeben wird, freigelaufene Mitspieler zu decken.
- In der Regel nicht in die Mitte abspielen, sondern auf die Flügel.
- Den Ball nicht in dieselbe Richtung abspielen, aus der er gekommen ist (kann jedoch bei abgefangenen Flanken eventuell richtig sein).

Abb. 103: Abstoß aus der Hand

Spiel- und Übungsformen

Hochball (Fangen)

Alle Spieler – etwa ein Drittel ist im Besitz eines Balles – laufen in einem abgegrenzten Feld umher. Die Ballbesitzer werfen ihre Bälle möglichst hoch in die Luft, die von den anderen Spielern gefangen werden müssen. Diese werfen nun ihrerseits die Bälle hoch usw. (Abb. 104)

Hinweis: Dem Ball möglichst hoch entgegensteigen, mit gestreckten Armen *fangen* und an die Brust heranziehen („aufsaugen").

Abb. 104: Hochball (Fangen)

Partnerspiel (Aufnehmen/Fangen/Hechten)

Je zwei Spieler stehen (hocken, knien, sitzen, liegen) sich mit wechselndem Abstand gegenüber und führen folgende Torwartübungen durch:

- Den Ball zurollen (frontal, zur Seite) und richtig aufnehmen;
- Den Ball zuwerfen/zuprellen (rechts, links, hoch, flach) und fangen;
- Gegenseitig zwei Bälle gleichzeitig zurollen/zuwerfen und richtig aufnehmen bzw. fangen;
- Den Ball zuwerfen und fangen, in der Hocke, im Knien, im Sitzen, im Liegen;
- Den Ball zwischen sich stark auf den Boden prellen und versuchen, den hochfliegenden Ball bei gegenseitiger Behinderung zu fangen. (Abb. 105)

Abb. 105: Fangen mit Behinderung (Partnerspiel)

Reaktionsspiel (Reaktion/Fangen)

Zwei Spieler (Torwart, Werfer) stehen sich im Abstand von etwa 3 m gegenüber, der Torwart mit dem Rücken zum Werfenden. Dieser wirft den Ball dem Torwart zu (rechts, links,

Abb. 106: Reaktionsspiel

hoch, flach) und ruft gleichzeitig „hopp". Der Torwart dreht sich reaktionsschnell und versucht, den Ball zu fangen. (Abb. 106)

Abb. 107: Reaktionsspiel (Variation)

Variation: Der Torwart blickt auf eine Wand, Abstand etwa 1 m. Der andere Spieler wirft die Bälle an ihm vorbei (rechts, links, hoch, flach) gegen die Wand. Der Torwart versucht, die abprallenden Bälle zu fangen. (Abb. 107)

Ball erobern (Hechten/Abrollen)

Alle Spieler befinden sich in einem abgegrenzten Feld. Etwa ein Drittel ist im Besitz eines Balles und dribbelt im Feld um die übrigen Spieler. Diese knien bzw. sitzen im Feld verteilt und versuchen, einen Ball der dribbelnden Spieler zu erobern. Gelingt dies, darf der Betreffende mit dem eroberten Ball weiterdribblen, der Verlierer muß sich hinsetzen bzw. -knien. (Abb. 108)

Abb. 108: Ball erobern

Schützt eure Hütchen! (Stellungsspiel/Ballabwehr)

Alle Spieler befinden sich in einem abgegrenzten Feld. Die Hälfte hat je ein Hütchen im Feld verteilt aufgestellt und versucht, dieses als Torwart zu schützen (Schüsse abwehren bzw. abfangen). Die andere Hälfte dribbelt mit dem Ball am Fuß im Feld umher und versucht, möglichst viele Hütchen abzuschießen (Aufgabenwechsel). Wer schützt sein Hütchen am längsten? (Abb. 109)

Abb. 109: Schützt eure Hütchen

Tigerball als Torwartspiel (Stellungsspiel/Ballabfangen)

Vier Spieler passen sich in einem abgegrenzten kleinen Feld den Ball zu (direktes Zuspiel oder maximal 2 Kontakte). Der Torwart („Tiger") versucht, den Ball mit den Händen oder Füßen abzufangen. (Abb. 110)

Abb. 110: Tigerball als Torwartspiel

Torwart umspielen (Herauslaufen/Ballabwehr)

Ein Spieler dribbelt auf den Torwart zu, der aus seinem Tor heraus dem Stürmer entgegenläuft. Der Torwart versucht, dem Stürmer den Ball abzunehmen bzw. den Winkel beim Torschuß zu verkürzen. (Abb. 111)

Abb. 111: Torwart umspielen

Hinweis (allgemein):

(1) Solange ein ballbesitzender Gegner im Zweikampf mit einem eigenen Spieler ist, bleibt der Torwart im Tor!

(2) Läuft ein gegnerischer Spieler mit dem Ball frei auf das Tor zu – Herauslaufen! (Nicht zögerlich herauslaufen, nicht auf halbem Weg stehen bleiben!)

Spiel auf ein Dreieckstor (Stellungsspiel, Ballabwehr)

Abb. 112: Spiel auf ein Dreieckstor

Drei Spieler passen sich um ein Dreieckstor herum den Ball zu und versuchen, gegen den Torwart, der alle drei Seiten des Dreieckstors zu hüten hat, ein Tor zu erzielen. (Abb. 112)

Variation: Der Torwart darf nur *um* das Dreieckstor laufen (Erschwerung!).

Partnertreiben (Abwurf, Abschlag)

Je zwei Spieler stehen sich im Abstand von etwa 30 m gegenüber und werfen sich abwechselnd den Ball weit zu. Der Ball wird immer von dort zurückgeworfen, wo er gefangen wurde bzw. auf dem Boden aufkam. (Abb. 113)

Abb. 113: Partnertreiben

Variation: Wie oben, jedoch wird der Ball mit dem Fuß aus der Hand weit abgeschlagen.

Abb. 114: Elfmetertöter

„Elfmetertöter"
(Hechten)

Zwei Spieler schießen abwechselnd von beiden Seiten Strafstöße auf ein Tor (Größe des Tors bzw. Strafstoßabstand, je nach Könnensstand). Der Torwart wendet sich jeweils dem Schützen zu. Er bleibt solange im Tor, bis er bezwungen wird. Wer hält („tötet") die meisten Elfmeter? (Abb. 114)

Spiel- und Übungsformen für Fortgeschrittene

Vorbemerkung

Neben der Festigung und Erweiterung bisher erworbener Fähigkeiten, liegt der Schwerpunkt der Übungen und Spiele für Fortgeschrittene in der **Weiterentwicklung des taktischen Verständnisses** und Könnens. Die Schüler sollen ihre individual- und mannschaftstaktischen Fähigkeiten sowohl im Angriffs- wie im Abwehrverhalten verbessern.

Die nachfolgend beschriebenen Partnerübungen, vor allem aber die Gruppenübungen und -spiele, sind deshalb überwiegend unter dem Gesichtspunkt der gleichzeitigen Schulung von Angriff und Abwehr zusammengestellt.

Auch wenn das spielerische Element weitestgehend im Mittelpunkt steht, sollen die Schüler andererseits die Bedeutung des Übens und Trainierens für die Leistungsverbesserung erfahren. Insbesondere der **konditionelle Aspekt**, also die Schulung von Kraft, Ausdauer, Schnelligkeit, Beweglichkeit und Koordination, gewinnt zunehmend an Bedeutung. Übungsstunden für 14- bis 16-Jährige sollen neben Ausdauerreizen auch kurzdauernde, kräftigende Belastungsreize setzen, die insbesondere zur Steigerung der Schußkraft führen sollen. Im Alter von 16 bis 18 Jahren steigt die Leistungsdisposition deutlich an, und die Belastungsfähigkeit der Jugendlichen nimmt zu. Hier kann auch im Schulsport, z.B. bei der Vorbereitung von Wettkampfmannschaften, ein gezieltes Leistungstraining durchgeführt werden.

Der folgende Katalog von Übungen und Spielen ist in **Einzelübungen**, die insbesondere zur Vertiefung und Erweiterung der Technik herangezogen werden können, eingeteilt, in **Partnerübungen**, die insbesondere auch individualtaktisches Verhalten schulen sollen sowie **Gruppenübungen und -spiele**, bei denen mehr als zwei Schüler eingesetzt sind. Diese Übungen und Spiele, die vom Spiel 2 gegen 1 über 3 gegen 3 und 5 gegen 5 reichen und mit der Beschreibung des Siebenerspiels enden, stellen ebenfalls **keine methodische Spielreihe** dar. Der Lehrer wählt je nach Unterrichtsabsicht und Könnensstand seiner Spieler aus, wobei es sich empfiehlt, eine Gruppeneinteilung, z.B. 3 gegen 3 oder 5 gegen 5, über eine gewisse Übungszeit beizubehalten und ggf. Variationsformen zu spielen.

Selbstverständlich sind auch die Spiel- und Übungsformen der Grundausbildung weiterhin für den Unterricht mit Fortgeschrittenen geeignet. Sie werden jetzt unter schwierigeren Bedingungen gespielt, d.h., mit höherem Tempo, mit Behinderung durch einen Gegenspieler oder mit längerer Belastung.

Einzelübungen

Hochspielen (Jonglieren)

Der Spieler wirft den Ball mit der Hand hoch, läßt ihn einmal aufspringen, spielt ihn mit dem Spann wieder hoch usw.

Abb. 115: Hochspielen, Jonglieren

Beim Hochspielen mit dem Fuß: gestreckter Spann! Abwechselnd links und rechts spielen. Anschließend den Ball nicht mehr aufspringen lassen, sondern fortlaufend jonglieren (auch mit Oberschenkel und Kopf). (Abb. 115)

Jonglieren in der Bewegung (Jonglieren)

In der Vorwärtsbewegung jongliert der Spieler seinen Ball mit Fuß, Oberschenkel, Brust, Kopf. Wer schafft, ohne daß der Ball zu Boden fällt, die weiteste Strecke? (Abb. 116)

Abb. 116: Jonglieren in der Bewegung

Nachlaufen (Annehmen/Mitnehmen)

Der Spieler wirft seinen Ball vor sich hoch, läuft ihm nach und nimmt ihn an. Anschließend nimmt er den Ball nicht mehr an, sondern gleich in der Bewegung mit. (Abb. 117)

Variation: Wie vorher, jedoch wird jetzt der Ball über den Kopf nach hinten geworfen. Der Spieler dreht sich blitzschnell und läuft seinem Ball hinterher. Ball zunächst annehmen, anschließend abwechselnd mit der Innen- bzw. Außenseite mitnehmen.

Abb. 117: Nachlaufen

Nachlaufen mit Torschuß (Mitnehmen/Torschuß)

Der Spieler steht etwa 30 m vor dem Tor. Er wirft seinen Ball weit vor, läuft ihm hinterher, nimmt ihn mit und schießt auf das Tor. (Abb. 118)

Variation: Der Spieler schlägt den Ball aus der Hand mit dem Spann nach vorne.

Abb. 118: Nachlaufen mit Torschuß

Ballführen (Dribbeln)

Der Spieler führt seinen Ball in einem begrenzten Raum im Kreis, im Zick-Zack, im Achterlauf um Fähnchen. Er dribbelt abwechselnd mit der Innenseite, Außenseite, rechts, links, mit Anhalten und Zurückziehen des Balles, schnell, langsam usw. (Abb. 119)

Hinweis: Kopf hoch, Übersicht behalten!

Abb. 119: Ballführen

Slalomdribbling mit Torschuß (Dribbeln/Torschuß)

Der Spieler dribbelt durch eine Slalomstrecke (6 bis 8 Fähnchen) und schießt anschließend auf das Tor. (Abb. 120)

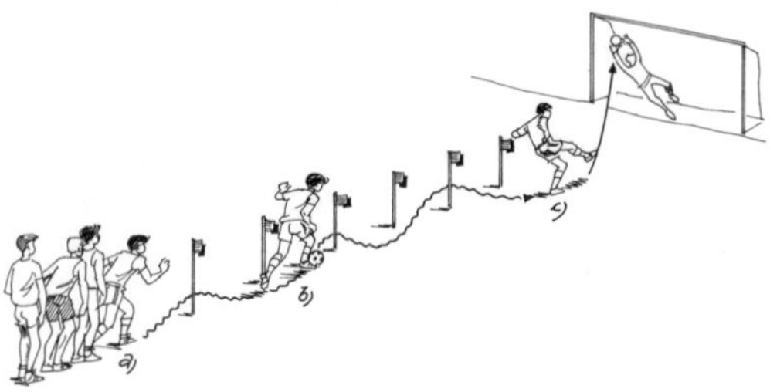

Abb. 120: Slalomdribbling mit Torschuß

Torwart umspielen (Dribbeln/Täuschen)

Der Spieler dribbelt auf den Torwart zu, der aus seinem Tor herauskommt und dem Stürmer entgegenläuft. Er versucht, den Torwart zu umspielen oder ihn durch eine geschickte Täuschung ins Leere laufen zu lassen. (Abb. 121)

Hinweis für Stürmer: Kopf hoch beim Dribbling, Torwart beobachten.

Abb. 121: Torwart umspielen

Hinweis für Torwart: Spieler und Ball beobachten, Beine in die Abwehrarbeit mit einbeziehen.

Spiel mit der Wand (Passen/Annehmen)

Der Spieler steht vor der Wand und paßt den Ball abwechselnd mit links und rechts gegen die Wand. Er nimmt den zurückspringenden

Abb. 122: Spiel mit der Wand

Ball an mit dem Fuß, Oberschenkel, Brust, Kopf, links, rechts usw. Die Entfernung zur Wand wird laufend variiert, ebenso die Paßstärke. (Abb. 122)

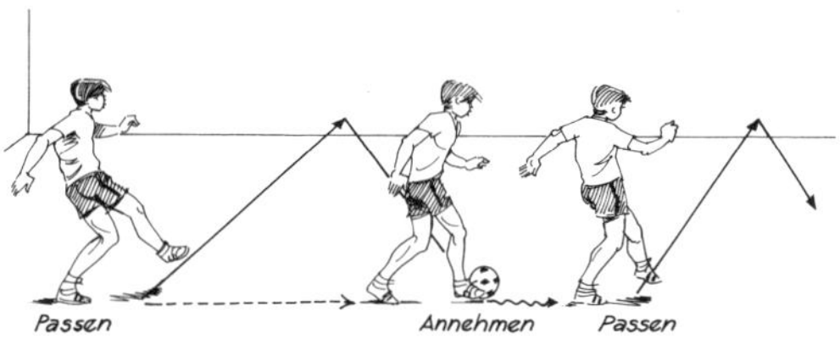

Abb. 123: Spiel mit der Wand in der Bewegung

Spiel mit der Wand in der Bewegung (Passen/Annehmen)

Der Spieler läuft an einer Wand entlang. Er paßt dabei fortlaufend den von der Wand zurückprallenden Ball schräg nach vorne. Mit der Innen- und Außenseite abwechseln. (Abb. 123)

Partnerübungen und -spiele

Hinweis: Aufgabenwechsel bei Wiederholungsübungen immer erst nach intensiven Serien (8 bis 20 Wiederholungen, je nach Übung).

Partner nicht nur als Mitspieler, sondern auch als Gegenspieler einsetzen.

Achterlauf gegeneinander (Dribbeln/Täuschen)

Zwei Spieler dribbeln im Achterlauf um zwei Fähnchen. Sie starten beide gleichzeitig jeweils an einem Fähnchen und laufen gegeneinander. Sie begegnen sich etwa in der Mitte, weichen mit einer Körpertäuschung/Ballfinte aus und setzen ihren Lauf fort. (Abb. 124)

Dribbeljagd (Dribbeln)

Zwei Spieler stehen sich hinter zwei Fähnchen im Abstand von etwa 8 m gegenüber. Jeder hat einen Ball am Fuß. Auf ein Zeichen hin beginnen die beiden, im Uhrzeigersinn, sich dribbelnd zu verfolgen, wobei immer um die Fähnchen herumgelaufend werden muß.

Wer holt den anderen ein? (Abb. 125)

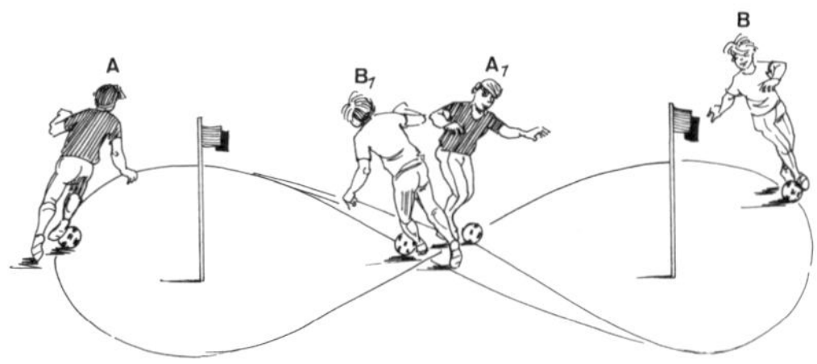

Abb. 124: Achterlauf gegeneinander

Abb. 125: Dribbeljagd

Dribbel-Zweikampf (Dribbeln/Täuschen)

Je zwei Spieler bestreiten in einem Kleinspielfeld (etwa 20 m mal 10 m) einen Dribbel-Zweikampf 1 gegen 1 auf Fähnchentore. Die Paare beginnen in der Mitte. Wer kann sich, dribbelnd, täuschend, regelrecht rempelnd durchsetzen? (Abb. 126)

Kann auch in Turnierform gespielt werden (Sieger gegen Sieger, Verlierer gegen Verlierer).

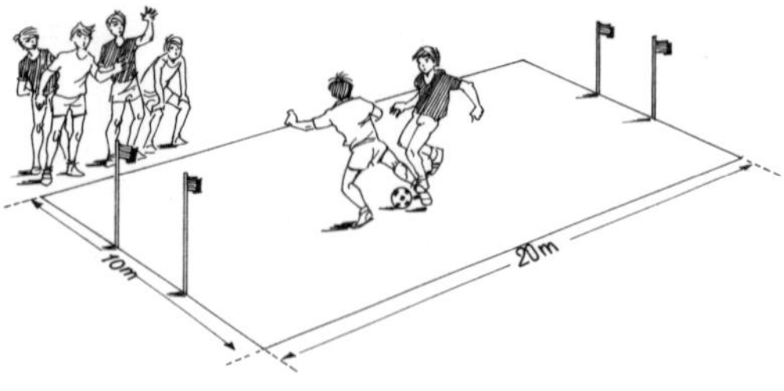

Abb. 126: Dribbel-Zweikampf

Zweikampf auf ein Tor (Dribbeln/Täuschen/Torschuß)

Je zwei Spieler bestreiten in einem Kleinspielfeld (etwa 15 m mal 15 m) einen Dribbel-Zweikampf auf ein Fähnchentor, das von einem neutralen Torwart gehütet wird. Nach jeweils drei Treffern werden die Rollen getauscht. Es spielt jeder gegen jeden. (Abb. 127)

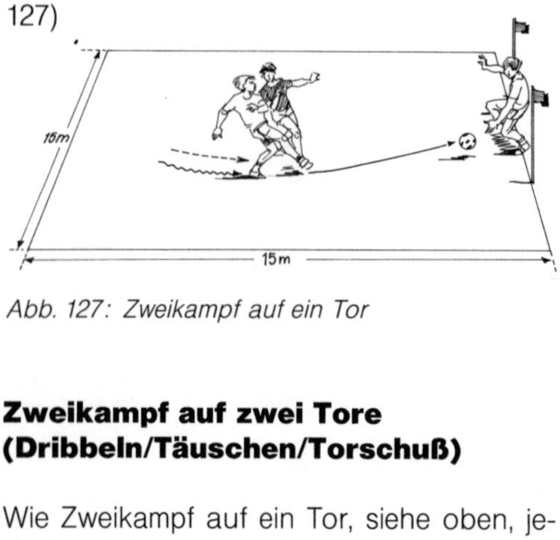

Abb. 127: Zweikampf auf ein Tor

Zweikampf auf zwei Tore (Dribbeln/Täuschen/Torschuß)

Wie Zweikampf auf ein Tor, siehe oben, jedoch spielt jetzt jeder Spieler mit einem eigenen Torwart hinter sich. Dieser darf sein Tor jedoch nicht verlassen, auch Rückpässe zu ihm sind nicht erlaubt. Rollenwechsel. (Abb. 128)

Abb. 128: Zweikampf auf zwei Tore

Partnerspiel (Dribbeln/Passen/Annehmen)

Zwei Spieler, A und B, stehen sich im Abstand von etwa 20 m gegenüber. A dribbelt mit dem Ball etwa 10 m in Richtung B, paßt den Ball flach zu B und läuft rasch wieder zu seinem Ausgangspunkt zurück. B nimmt den Ball an, dribbelt etwa 10 m in Richtung A, paßt flach zu A usw. (Abb. 129)

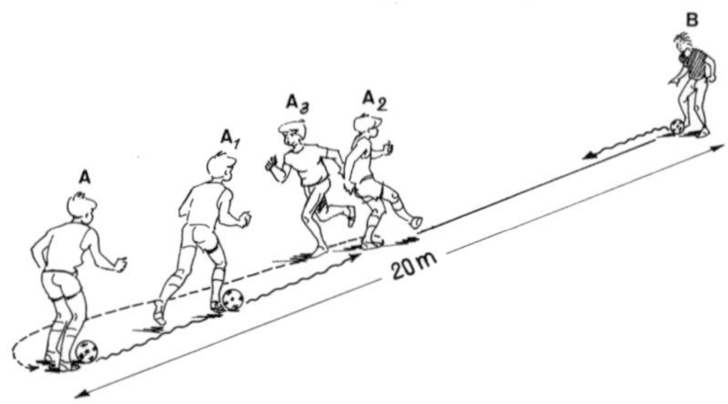

Abb. 129: Partnerspiel

Vorwärts-Rückwärts (Dribbeln/Täuschen)

Spieler A dribbelt mit dem Ball auf den rückwärtslaufenden Spieler B zu. A führt dabei Ballfinten und Körpertäuschungen durch, auf die B zu reagieren versucht. Nach einigen Metern tritt A auf den Ball und läuft

Abb. 130: Vorwärts – Rückwärts

ohne Ball rückwärts. B übernimmt den Ball und folgt ihm nun dribbelnd, fintierend usw. (Abb. 130)

Partnersuchen
(Kurze/weite Pässe/Ballannehmen)

Die Spieler laufen auf dem Spielfeld durcheinander. Je zwei Spieler passen sich ihren Ball zu, wobei sie dauernd die Richtung und die Entfernung wechseln, so daß sich die Spieler gegenseitig „suchen" müssen. (Abb. 131)

Hinweis: Augen auf! Auf genaue Pässe achten!

Abb. 131: Partnersuchen

Zick-Zack-Spiel mit Torschuß
(Passen/Torschuß)

Je zwei Spieler spielen sich mit Schrägpässen im Zick-Zack vor das Tor, von dort (etwa 16-m-Linie) erfolgt ein Torschuß. Der Ball darf zunächst noch angenommen werden, anschließend muß er jedoch direkt gespielt werden. (Abb. 132)

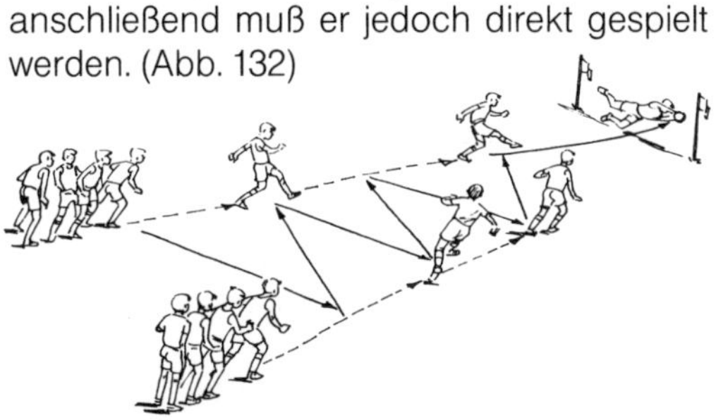

Abb. 132: Zick-Zack-Spiel mit Torschuß

Doppelpaß 1 gegen 1 mit Torschuß
(Doppelpaß/Torschuß)

Zwei Spieler spielen in einem Kleinfeld (etwa 20 m mal 30 m) mit Torschüssen gegeneinander. Spieler A läuft mit dem Ball von seinem Tor bis zur Mitte und paßt schräg zu einem neutralen Mittelspieler M. Dieser läßt den Ball gefühlvoll in den Lauf von A zurückprallen, der noch vor der Schußlinie (ca. 10 m) direkt auf das Tor von B schießt. Dann läuft B mit dem Ball los und versucht seinerseits, nach einem Doppelpaß mit M, ein Tor bei A zu erzielen. Wer schießt nach 10 Durchgängen die meisten Tore? Rollenwechsel! (Abb. 133)

Abb. 133: Doppelpaßspiel 1 gegen 1 mit Torschuß

Partnerschicken
(Passen/Ballmitnehmen/Torschuß)

Zwei Spieler, A und B, laufen hintereinander, langsam, etwa von der Mittellinie aus, in Richtung Tor. Der vordere Spieler A führt den Ball, B spurtet plötzlich nach vorne und fordert den Steilpaß, den ihm A auch zuspielt. B

Abb. 134: Partnerschicken

nimmt den Ball mit und schießt auf das Tor. Rollenwechsel! (Abb. 134)

Flankenball (Dribbeln/Flanken/Torschuß)

Zwei Spieler, A und B, stehen an der Mittellinie. A spielt einen weiten Paß in Richtung Eckfahne. B erläuft sich diesen langen Paß, nimmt den Ball mit und schlägt eine weite Flanke vor das Tor. Der mittlerweile ebenfalls nach vorne gelaufene Spieler A versucht, diese Flanke ins Tor zu schießen (Fuß, Kopf). Rollenwechsel. (Abb. 135)

Abb. 135: Flankenball

Vorwärts/Rückwärts als Kopfballspiel (Kopfballspiel)

Spieler A wirft B fortlaufend hohe Bälle zu, die dieser *rückwärts* laufend wieder zurückköpft (auf Körperausholbewegung achten!). Nach einigen Metern wirft A die Bälle so kurz zu B, daß dieser nach *vorne* laufen muß, um sie zurückzuköpfen. Nach einigen Metern erfolgt wieder der Wechsel nach hinten usw. Rollenwechsel. (Abb. 136)

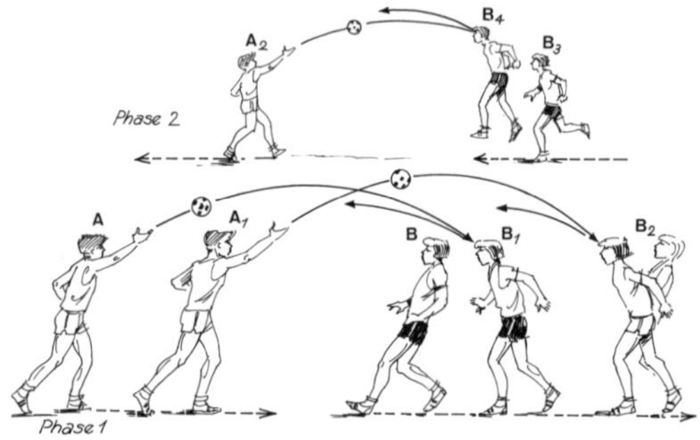

Abb. 136: Vorwärts-Rückwärts als Kopfballspiel

Gruppenübungen und -spiele

In den Einzel- und Partnerübungen bzw. -spielen stand die Schulung der technischen Fertigkeiten im Vordergrund, obwohl dort beschriebene Übungen wie „1 gegen 1“ oder „Torwart umspielen“ ebenfalls schon Grundkenntnisse im taktischen Verhalten voraussetzen. In den folgenden Gruppenübungen und -spielen soll die taktische Schulung im Vordergrund stehen. Insbesondere die Parteispiele, die hier mit dem Spiel „2 gegen 1“ begonnen werden und mit dem „Siebenerspiel“ enden, können sehr gut zur Verdeutlichung von richtigem taktischen Verhalten bzw. Fehlverhalten herangezogen werden. Es empfiehlt sich also, insbesondere die sehr laufintensiven „kleinen Parteispiele“ (z. B. 2 gegen 2, 3 gegen 3) auch aus Pausengründen öfter mal zu unterbrechen und für taktische Hinweise und Besprechungen zu nutzen.

Dribbeln und Verfolgen (Dribbeln)

Je vier bis sechs Spieler stehen sich als Staffel hintereinander in einem Abstand von etwa 20 m gegenüber. Ein Spieler hat den Ball. Er dribbelt so schnell er kann zur gegenüberstehenden Reihe und übergibt dort den Ball dem ersten Spieler, der sofort losdribbelt. Der Spieler, der den Ball übergeben hat, stellt sich jedoch nicht hinten an, sondern macht blitzschnell kehrt und verfolgt den vor ihm dribbelnden Spieler usw. (Abb. 137)

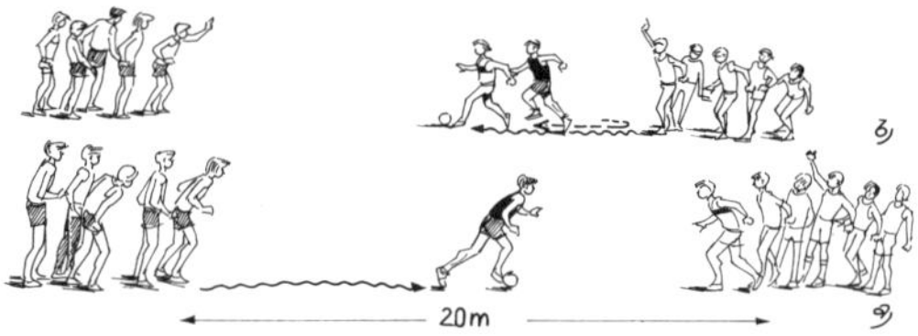

Abb. 137: Dribbeln und Verfolgen

Schneller sein (Abwehrschulung)

Zwei Spieler, A als Abwehrspieler und B als Stürmer, stehen dicht hintereinander einem dritten Zuspieler C gegenüber. C paßt auf den vorderen Spieler B, der den Ball annehmen will. Dies versucht der hinter ihm stehende (ihn deckende) Spieler A zu verhindern, indem er, schneller als B, nach vorne kommt und den Ball abfängt. Der Abwehrspieler soll also immer verhindern, daß der Stürmer den Ball annimmt. Rollenwechsel nach einiger Zeit. (Abb. 138)

Abb. 138: Schneller sein

Köpfen zu dritt (Kopfballspiel)

Zwei Spieler, A und B, stehen hintereinander einem dritten Spieler C etwa 6 m bis 8 m gegenüber. A wirft den Ball hoch zu C und läuft auf die Position von C. Spieler C köpft den Ball zurück zu B und läuft ebenfalls seinem Ball nach zu B. Nun wirft B zu A, läuft seinem Ball nach, A köpft zurück zu C, läuft seinem Ball nach usw. (Abb. 139) Jeder läuft also seinem geworfenen oder geköpften Ball nach.

Abb. 139: Köpfen zu dritt

Überköpfen (Kopfballspiel)

Zwei Spieler, A und B, stehen hintereinander einem dritten C im Abstand von etwa 4 bis 6 m gegenüber. C wirft den Ball hoch zu A,

Abb. 140: Überköpfen

den dieser, höher als B springend, zu C zurückköpft. (Abb. 140) Es empfiehlt sich, Deckungsspieler B zunächst „wenig aktiv" beginnen lassen. Rollenwechsel!

Variation: Zuwerfer C läuft nach jedem Wurf zur Seite, A köpft gezielt zu ihm zurück.

Diagonalpaß im Viereck (Dribbeln/Passen)

Drei Spieler (A, B, C) bilden ein Quadrat (ca. 10 × 10 m), bei dem ein Eckpunkt (D) nicht besetzt ist. Spieler A dribbelt mit dem Ball auf den unbesetzten Eckpunkt D und paßt von dort diagonal zu B. Dieser dribbelt mit dem Ball auf die bisherige Position von A und paßt von dort diagonal zu C. Dieser dribbelt zur bisherigen Position von B usw. (Abb. 141)

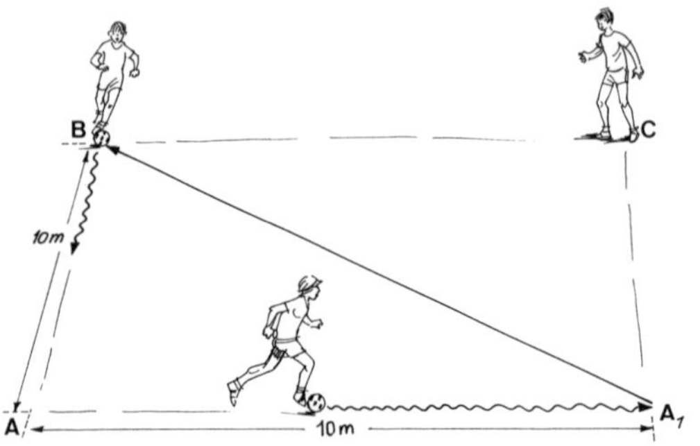

Abb. 141: Diagonalpaß im Viereck

Fußballtennis (Annehmen/Volleyspiel)

Zwei Mannschaften mit jeweils vier bis sechs Spielern spielen über eine etwa 1 m hoch gespannte Schnur (Baustellenband) Fußball nach Tennisregeln. Das Spielfeld ist etwa 10 mal 10 m groß. Jede Mannschaft hat drei Ballkontakte, wobei ein Spieler den Ball nicht zweimal hintereinander berühren darf. Der Ball kann mit dem Fuß, dem Oberschenkel, der Brust, dem Kopf, aus der Luft oder nach einem Bodenkontakt gespielt werden. Der Anstoß wird von einem hinteren Spieler mit einem leichten Spannstoß aus der Hand durchgeführt. Punkte können nur von der Mannschaft erzielt werden, die Anstoß hat. Macht die anstoßende Mannschaft einen Fehler, erfolgt ein Ballwechsel. (Abb. 142)

Variation: Bei jedem Anstoßwechsel tauschen die Spieler ihre Position im Uhrzeigersinn (Rotation beim Volleyball).

Hinweis: Fußballtennis kann als Einzel (1 gegen 1) bzw. Doppel (2 gegen 2) sehr intensiviert werden.

Fußballtennis kann auch sehr gut in Turnierform gespielt werden.

Spiel 2 gegen 1 (Dribbeln/Passen/Freilaufen/Stören)

Zwei Spieler passen sich in einem abgegrenzten Spielfeld (20 mal 20 m) den Ball zu, während ein dritter Spieler das Zusammenspiel zu stören versucht. Gelingt es dem Angreifer in Ballbesitz zu kommen, so darf er mit dem Abspieler die Rollen tauschen. (Abb. 143) Nur wenn der Partner ohne Ball sich ständig freiläuft, kann ein Zusammenspiel gelingen.

Hinweis für den ballbesitzenden Spieler: Angreifer kommen lassen oder auf ihn dribbeln, kurz vor ihm abspielen, dann Start in den freien Raum. Der Spieler *ohne* Ball bestimmt das Abspiel!

Abb. 142: Fußballtennis

Abb. 143: Spiel 2 gegen 1

Hinweis für den angreifenden Spieler: Angriff nur auf den Ballbesitzer (Manndekken)!

Spiel 2 gegen 1 mit Torschuß (Dribbeln/Passen/Freilaufen/Stören)

Wie 2 gegen 1, siehe oben, jedoch spielen jetzt die beiden Angriffsspieler gegen einen Abwehrspieler auf ein Tor. Der ballbesitzende Angriffsspieler muß bei seinem Abspiel den Torwart als Gegenspieler (der ggf. herausläuft) miteinkalkulieren.

Wechsel des Abwehrspielers nach einigen Durchgängen. (Abb. 144)

Abb. 144: Spiel 2 gegen 1 mit Torschuß

Spiel 2 gegen 2 (Dribbeln/Passen/Freilaufen/Stören)

Zwei Spieler treten gegen zwei Gegenspieler auf einem begrenzten Spielfeld an (etwa 20 m mal 20 m, ohne Tore). Zunächst wird nur mit Raumdeckung gespielt, damit das Zusammenspiel gelingt. Anschließend konsequente Manndeckung! (Abb. 145)

Abb. 145: Spiel 2 gegen 2

Das Spiel kann nach einiger Zeit auf ein Kleintor fortgesetzt werden, wobei die Aufgaben (Angreifer – Verteidiger) nach jedem Tor wechseln.

Spiel 2 gegen 2 mit lebenden Eckfahnen (Dribbeln/Freilaufen/Stören)

Zwei Mannschaften mit jeweils vier Spielern spielen auf einem begrenzten Feld (etwa 15 m mal 15 m) gegeneinander. Jeweils zwei Spieler spielen im Feld gegeneinander, während die anderen die vier Ecken des Spielfeldes markieren („Lebende Eckfahnen"). Die lebenden Eckfahnen dürfen von ihren Feldspielern angespielt werden, müssen aber im Doppelpaß den Ball direkt weiterleiten (Aufgabenwechsel nach etwa drei Minuten. (Abb. 146)

Abb. 146: Spiel 2 gegen 2 mit lebenden Eckfahnen

Spiel 3 gegen 3 (Dribbeln/Freilaufen/Stören)

Drei Mannschaften (A, B, C) mit jeweils drei Spielern spielen auf einem begrenzten Feld (etwa 20 m mal 40 m) gegeneinander. Zwei Mannschaften (A und B) verteidigen jeweils ein Kleintor (3 m), während die dritte Mannschaft C angreift (z.B. A). Verliert C den Ball oder gelingt ihr ein erfolgreicher Torschuß, nimmt sie die Position der bisher verteidigen-

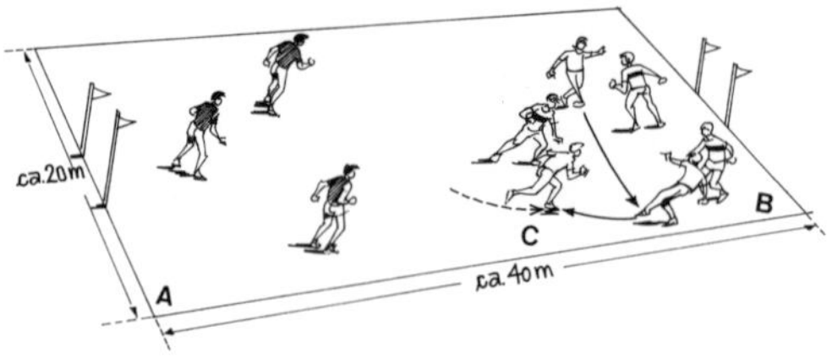

Abb. 147: Spiel 3 gegen 3 gegen 3

den Mannschaft (A) ein, und A greift nun Mannschaft B an usw. (Abb. 147)

Spiel 3 gegen 3 auf drei Tore (Dribbeln/Freilaufen/Stören)

Zwei Mannschaften mit jeweils 6 Spielern spielen in einem begrenzten Feld (20 m mal 40 m) gegeneinander. Während jeweils drei Spieler im Feld gegeneinander spielen, hüten die anderen drei Spieler der beiden Mannschaften jeweils drei Tore. Nach einem erfolgreichen Torschuß erfolgt innerhalb der beiden Mannschaften ein Aufgabenwechsel. Wer schießt innerhalb einer vereinbarten Zeit die meisten Tore? (Abb. 148)

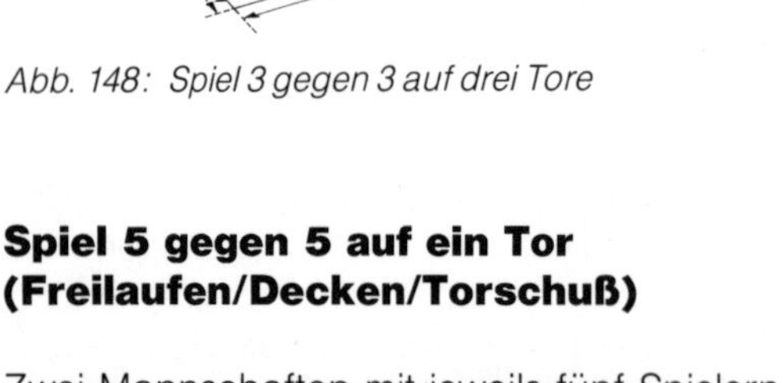

Abb. 148: Spiel 3 gegen 3 auf drei Tore

Spiel 5 gegen 5 auf ein Tor (Freilaufen/Decken/Torschuß)

Zwei Mannschaften mit jeweils fünf Spielern spielen auf einer Sportplatzhälfte gegeneinander auf ein Tor. Das Tor (5 m, ohne Netz) steht in der Mitte des Feldes und wird von einem neutralen Torwart gehütet. Um das Tor ist ein Schußkreis (10 m) gezogen.

Die Mannschaften bestürmen das Tor von allen Seiten, Torschüsse dürfen jedoch nur außerhalb des Schußkreises abgegeben werden. Das Spiel verlangt fortlaufend schnellstes Umschalten von Angriff (Freilaufen) und Abwehr (Decken) und umgekehrt. (Abb. 149)

Abb. 149: Spiel 5 gegen 5 auf ein Tor

Spiel 5 gegen 5 auf zwei Tore (Freilaufen/Decken)

Zwei Mannschaften mit jeweils fünf Spielern spielen auf einer Sportplatzhälfte gegeneinander auf zwei kleine Fähnchentore (2 m), die etwa 10 m vorgezogen im Spielfeld stehen. Gespielt wird ohne festen Torwart. Es darf auch hinter den Toren weitergespielt werden, wie beim Eishockey, Tore können jedoch nur von vorne erzielt werden. (Abb. 150)

Variation: Es wird nur mit zwei Ballkontakten gespielt (Hin zum ballführenden Mitspieler, helfen!).

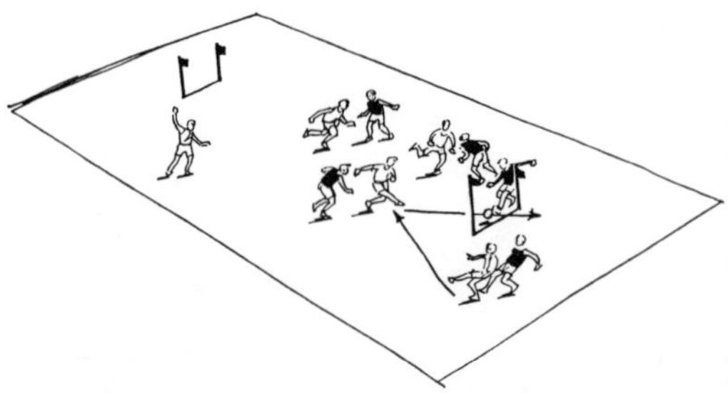

Abb. 150: Spiel 5 gegen 5 auf zwei Tore

Spiel 5 gegen 5 auf drei Tore (Freilaufen/Decken/Spiel verlagern)

Zwei Mannschaften mit jeweils fünf Spielern spielen auf einem begrenzten Feld (etwa 50 mal 30 m) gegeneinander auf drei Tore. Außer den beiden Fähnchentoren (2 m) an den beiden Breitseiten steht ein drittes Tor (5 m) in der Mitte einer Längsseite, das von einem Torwart bewacht wird. Vor diesem Tor ist ein Schußkreis gezogen (10 m). Das Spiel verlangt durch überraschende Wechsel der Angriffsrichtung höchste Konzentration von allen Spielern. (Abb. 151)

Abb. 151: Spiel 5 gegen 5 auf drei Tore

Spiel 5 gegen 5 auf vier Tore (Freilaufen/Decken/Spiel verlagern)

Zwei Mannschaften mit jeweils fünf Spielern spielen auf einer Sportplatzhälfte gegeneinander auf vier kleine Fähnchentore (2 m). Die Tore stehen jeweils in der Mitte der vier Seitenlinien. Überraschende Wechsel der Angriffsrichtung verlangen höchste Konzentration von allen Spielern. (Abb. 152)

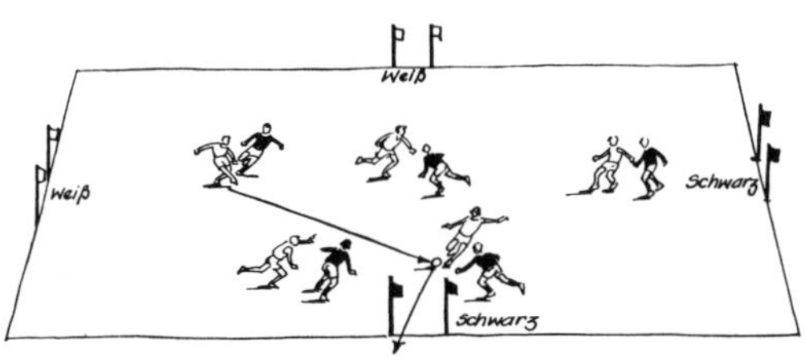

Abb. 152: Spiel 5 gegen 5 auf vier Tore

Sturm gegen Abwehr (Freilaufen/Decken/Torschuß)

Die Mannschaft Sturm (5 Spieler) spielt regelgerecht gegen die Mannschaft Abwehr (5 Spieler + Torwart) auf einer Sportplatzhälfte auf ein Tor. Aufgabe der Stürmer ist es, Tore zu erzielen, was die Abwehr zu verhindern sucht.

Abb. 153: Sturm gegen Abwehr

Kommt ein Abwehrspieler oder der Torwart in Ballbesitz bzw. nach erfolgreichem Torschuß, wird der Ball weit zur Mittellinie des Platzes geschlagen, von wo der Sturm einen neuen Angriff aufbaut. (Abb. 153)

Die (2 bis 3) Spitzen der Sturm-Mannschaft werden manngedeckt.

Sturm gegen Abwehr mit Umschalten (Umschalten von Abwehr auf Angriff)

Wie Sturm gegen Abwehr, siehe oben, jedoch darf jetzt die Abwehrmannschaft, wenn sie den Ball erobert hat, ihrerseits angreifen und Tore erzielen. Als „Tor" dient die gesamte Mittellinie des Sportplatzes, über die der Ball *gedribbelt* werden muß. Die Stürmer versuchen, dies zu verhindern. (Abb. 154) Rasches Umschalten von Abwehr auf Angriff (und umgekehrt)!

Abb. 154: Sturm gegen Abwehr mit Umschalten

Zweifelderspiel (Weite Pässe/Freilaufen/Decken/ Torschuß)

Zwei Mannschaften mit jeweils acht Spielern spielen gegeneinander auf einem Fußballplatz, der durch eine etwa 20 m breite Zone (je 10 m rechts und links der Mittellinie) in zwei Felder geteilt ist. In jedem Feld spielen die jeweiligen Angreifer gegen die jeweiligen Abwehrspieler. Die Mittelzone darf von keinem Spieler betreten werden. Erkämpft sich ein Abwehrspieler den Ball, so spielt er ihn mit einem weiten Paß über die Mittelzone zu einem seiner Mitspieler in der Angriffszone. Dort versuchen seine Stürmer, ein Tor zu erzielen. (Abb. 155)

Schnelles Umschalten von Abwehr auf Angriff durch einen weiten Paß!

Spiel mit einem überzähligen Angreifer (Umschalten/Torschuß)

Zwei Mannschaften mit jeweils sieben Spielern spielen gegeneinander auf einer Sportplatzhälfte quer auf zwei Tore (5 m). Das Spielfeld wird in zwei Torzonen und eine Mittelzone (etwa 10 m breit) eingeteilt. In den Torzonen spielen jeweils der Torwart und drei Abwehrspieler gegen drei gegnerische

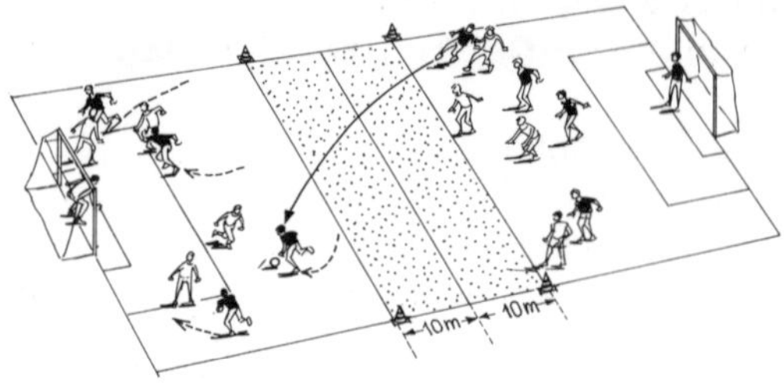

Abb. 155: Zweifelderspiel

Angriffsspieler. Die Mittelzone bleibt zunächst frei. Das Spiel beginnt mit einem Torabspiel. Die ballbesitzende Mannschaft baut ihren Angriff aus der eigenen Abwehrzone auf, indem ein Verteidiger versucht, bis in die Mittelzone hineinzudribbeln. Dort wird er jedoch von einem gegnerischen Abwehrspieler angegriffen. Der ballbesitzende Abwehrspieler paßt nun zu einem Mitspieler in der Angriffszone *und schaltet sich überraschend ins Angriffsspiel ein.* Er wird zum überzähligen Angriffsspieler, da die Mittelzone jeweils nur von einem Spieler beider Mannschaften betreten werden darf. (Abb. 156) Schnelles Umschalten des Abwehrspielers auf Angriff!

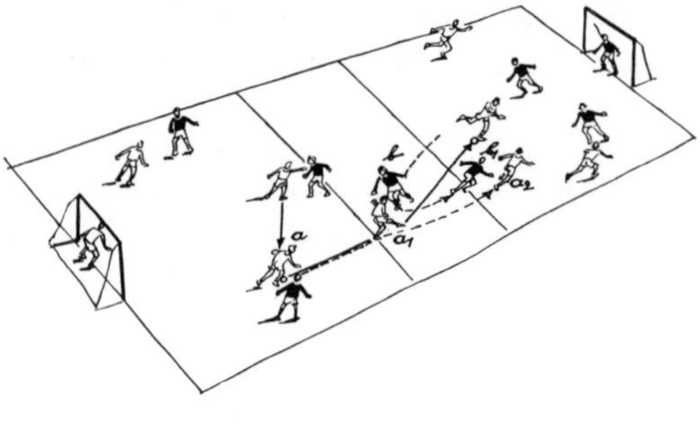

Abb. 156: Spiel mit einem überzähligen Angreifer

Spiel mit einem überzähligen Verteidiger (Freilaufen/Decken)

Zwei Mannschaften mit jeweils sieben Spielern spielen gegeneinander auf einer Sportplatzhälfte quer auf zwei Tore (5 m). Das Spielfeld wird wieder in zwei Torzonen und eine Mittelzone eingeteilt, wobei die Mittelzone (30 m) jetzt etwa doppelt so breit ist wie die beiden Torzonen (je 15 m). Das Spiel beginnt mit einem Torabspiel. Die ballbesitzende Mannschaft baut ihren Angriff in der Mittelzone auf, wo sie fünf gegnerische Spieler zu stören versuchen. Dringt die angreifende Mannschaft in die gegnerische Torzone vor, *greift zusätzlich der überzählige Abwehrspieler ein.* Er ist der „freie Mann" (Libero), der den Raum abschirmt und seinen Vorderspielern den Rücken deckt. Er darf seine Torzone nicht verlassen. (Abb. 157) Nur eine gut zusammenspielende Mannschaft wird diese verstärkte Abwehr überwinden können.

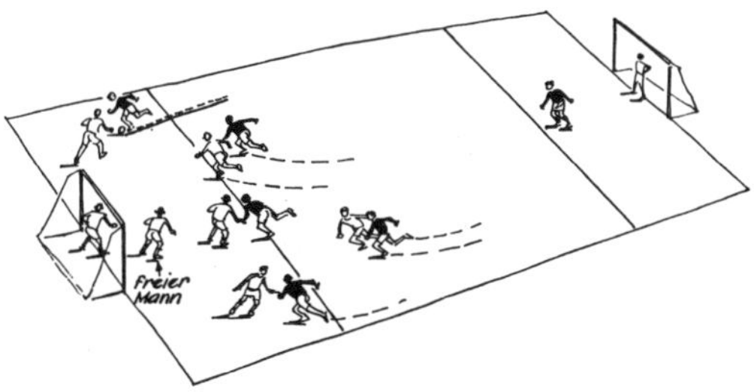

Abb. 157: Spiel mit einem überzähligen Verteidiger

Spiel mit verstärkter Abwehr (Freilaufen/Decken)

In einem abgegrenzten Spielfeld spielen zwei Mannschaften gegeneinander auf zwei Kleintore (2 m), wobei eine Mannschaft in Überzahl antritt, die andere in Unterzahl (4 gegen 6, 5 gegen 7, 6 gegen 8). Die zahlenmäßig unterlegene Mannschaft darf den Ball halten, dribbeln, und ihre Tore zählen doppelt. Die Überzahlmannschaft spielt nur mit 2 Ballkontakten. (Abb. 158)

Hinweis: Beim *Spiel in Unterzahl* den Raum decken, verzögernd angreifen.

Beim *Spiel in Überzahl* nicht umspielen, sondern abspielen. Überzahl nutzen.

Abb. 158: Spiel mit verstärkter Abwehr

Das Siebenerspiel (Freilaufen/Decken/Torschuß)

Zwei Mannschaften mit jeweils sieben Spielern (einschließlich Torwart) spielen auf einem Kleinspielfeld gegeneinander.

Kleinfeldspiel nach DFB: Tore: 5 m × 2 m; Torraum: 4 m; Strafstoßmarke: 8 m; Strafraum: 12 m; die beiden Tore stehen auf den jeweiligen 16-m-Linien, die Spielfeldgröße beträgt also etwa 70 m mal 50 m (siehe Regelanhang). Aus praktischen Erwägungen heraus kann jedoch empfohlen werden, mit Siebenermannschaften auf einer Sportplatzhälfte quer zu spielen. Tore: 5 m mal 2 m; Strafraum: 8 m; Strafstoßmarke: 8 m; die Tore stehen auf den Seitenlinien des normalen Spielfeldes, die Spielfeldgröße beträgt demnach etwa 60 m mal 50 m. Diese Einteilung hat den Vorteil, daß zwei Spiele gleichzeitig durchgeführt werden können, also 28 Spieler im Einsatz sind (siehe Regelanhang).

Abb. 159: Das Siebenerspiel

In diesem Spiel finden vor allem die 8- bis 12-Jährigen die ideale Wettkampfform. Auf dem Kleinspielfeld haben die Spieler mehr Ballkontakte und pflegen stärker das Zusammenspiel, ohne daß sie durch zu große Laufstrecken überfordert werden.

Die Taktik bestimmt jede Mannschaft selbst. Die Spieler stellen sich in der Regel in zwei Dreierketten vor ihrem Tor auf. Die hintere Dreierkette verteidigt vorwiegend (häufig mit einem letzten „freien Mann"), die drei vorderen Spieler bilden, gestaffelt, den Angriff. Stärker noch als auf dem Großspielfeld (11 gegen 11) gilt jedoch auf dem Kleinspielfeld der Grundsatz, daß *alle* Spieler Abwehraufgaben übernehmen müssen, und alle Spieler, wenn auch gestaffelt, sich in den Angriff einschalten sollen. (Abb. 159)

Ausblick auf das Spiel 11:11

Mit dem Spiel 7 gegen 7 ist das Zielspiel dieser beiden Ausbildungsstufen erreicht. Es ist für die Schule das ideale Spiel, denn

- es kann auf 2 Sportplatzhälften gespielt werden, wodurch gleichzeitig insgesamt 28 Schüler im Einsatz sind. Dies ist bei großen Klassen, Stufenmeisterschaften oder Schulturnieren von entscheidender Bedeutung;
- es ermöglicht *jedem* Spieler, auch dem schwächeren, erheblich mehr Ballkontakte, wodurch nicht nur das Spiel intensiviert wird, sondern auch die Spielfreude der Schüler steigt;
- es kommt insbesondere den jüngeren und kleineren Schülern entgegen, die nicht durch große Laufstrecken, weite Pässe und noch zu große Tore überfordert werden;
- es kommt folglich zu mehr Torraumszenen, mehr Torschüssen und gekonnten Torwartparaden, was zur Attraktivität des Spiels nicht unmaßgeblich beiträgt.

Trotzdem darf der Schulfußball nicht beim Spiel 7:7 aufhören.

Wenn es die Voraussetzungen der Schule (Sportstätten, Klassenstärken, Leistungsstand der Schüler) zulassen, ist das Spiel 11:11 schrittweise schon im Unterricht der Klassen 7 und 8 anzustreben. Spätestens in den Klassen 9 und 10 sollten nach Möglichkeit *alle* Schüler Erfahrungen in diesem Spiel gesammelt haben.

Die körperlichen Voraussetzungen insbesondere im Kraftbereich sind nun gegeben, und im Ausdauerbereich kann das Spiel selbst zur Schulung beitragen. Vor allem im taktischen Bereich werden neue Erfahrungen gemacht. Die erheblich längeren Laufstrecken auf dem Großfeld erfordern beispielsweise in sehr viel stärkerem Maße das sorgsame Aufteilen des Spielraums und das disziplinierte Einhalten von Positionen. Neben der Mannschaftstaktik ist auch das individualtaktische Verhalten eines jeden einzelnen Spielers stärker gefordert. Es muß dem schnellen Außen, der jetzt den Raum hat, um seine Schnelligkeit auszuspielen, ebenso „taktisch" begegnet werden, wie es u. U. nötig ist, den gegnerischen Spielmacher im Mittelfeld „auszuschalten".

Nur wer selbst ausreichend eigene Erfahrungen im Spiel 11:11 gesammelt hat, wird dieses Spiel künftig kompetent beurteilen können.

Spiel- und Übungsformen zur Konditionsschulung

Was gilt es bei der Konditionsschulung von Schülern zu beachten?

Die Lehrpläne Sport betonen die Bedeutung der Entwicklung und Förderung der physischen Leistungsgrundlagen und weisen sie unter dem Begriff „**Kondition**" als durchgängiges Prinzip bei allen Sportarten aus. Trotzdem wird dem Schulsport vielfach der Vorwurf gemacht, daß er die (notwendige) körperliche Belastung und Förderung nicht ausreichend erfülle. Dafür mögen einerseits auch die „Rahmenbedingungen" vieler Schulen für den Sportunterricht mitverantwortlich sein: Doppelstunden statt Einzelstunden, keine gleichmäßige Verteilung der Stunden über die Woche, keine Vertretung für erkrankte Sportlehrer, zu große Leistungsunterschiede in zu großen Klassen, keine für den Sportunterricht ausgebildete Lehrer(innen) in der Grundschule usw. Dafür sind andererseits sicherlich aber auch Unkenntnis und Unsicherheit der Lehrer über Inhalte, Methoden und Belastungsanforderungen eines schülergerechten Konditionstrainings verantwortlich. Gerade im Konditionstraining ist es besonders wichtig zu wissen, *was* in welcher Alters- und Entwicklungsstufe *lohnend* trainierbar ist und welche Gewichtungen ggf. vorgenommen werden müssen.

Abb. 160 gibt darüber eine knappe Übersicht und nennt die unterschiedlichen Ziele eines Konditionstrainings in Abhän-

Abb. 160: Bedeutung unterschiedlicher Trainingsziele in Abhängigkeit von Alters- und Entwicklungsstufe

	Altersstufen in Jahren (♂ = männlich, ♀ = weiblich)							
Konditionselemente	5–8	8–10	10–12	12–14	14–16	16–18	18–20	ab 20
Maximalkraft					+♂	++♂	+++♀	→
				+♀	++♀	+++♀	→	
Schnellkraft				+♂	++♂	+++♂	→	
			+♀♂	++♀	+++♀	→		
Kraftausdauer					+♂	++♂	+++♂	→
				+♀	++♀	+++♀	→	
aerobe Ausdauer		+♂♀	+♂♀	++♂♀	++♂♀	+++♂♀	→	
anaerobe Ausdauer					+♂	++♂	+++♂	→
				+♀	++♀	+++♀	→	
Reaktionsschnelligkeit		+♂♀	+♂♀	++♂♀	++♂♀	+++♂♀	→	
azykl. max. Schnellkraft				+♂	++♂	+++♂	→	
			+♂♀	++♀	++♀	+++♀	→	
zykl. max. Schnelligkeit				+♂	++♂	+++♂	→	
			+♂♀	++♀	++♀	+++♀	→	
Gelenkigkeit	++♂♀	++♂♀	++♂♀	+++♂♀	→			

Zeichenerklärung: + vorsichtiger Beginn (1–2 × wöchentlich) +++ Hochleistungstraining
++ gesteigertes Training (2–5 × wöchentlich) → ab hier fortlaufend

gigkeit von der jeweiligen Entwicklungs- bzw. Altersstufe. Sie berücksichtigt nicht das Problem des *akzelerierten* Schülers, dessen biologische Entwicklung seinem kalendarischen Alter vorauseilt, oder des *retardierten* Schülers, dessen körperliche Wachstums- und Reifungsprozesse verzögert sind. Für die Zielsetzung und Belastung im Konditionstraining sollte jedoch immer das *biologische* Alter als Grundlage herangezogen werden.

Die Alters- und Entwicklungsstufen mit ihren unterschiedlichen motivationalen und sozialen Voraussetzungen beeinflussen auch die Auswahl (Art) der Übungs- und Spielformen, mit deren Hilfe die einzelnen Trainingsziele erarbeitet werden sollen. Insbesondere in den unteren Jahrgangsstufen (etwa bis Kl. 7/8) sollten vielfältige und abwechslungsreiche, vor allem spielerische Übungsformen ausgewählt werden, deren Freude und Spannung bei der Durchführung häufig das vordergründige Ziel der Konditionsschulung in den Hintergrund treten lassen.

Die im folgenden zusammengestellte kleine Sammlung von Übungen und Spielen zur Schulung der **Kraft** – **Ausdauer** – **Schnelligkeit** und **Beweglichkeit** sowie der **Koordination** ist als gezielte *„konditionsschulende" Ergänzung* der übrigen in diesem Buch beschriebenen Übungs- und Spielformen gedacht. Sie sind nicht ausschließlich fußballspezifisch, werden häufig ohne Ball durchgeführt und stellen keine methodische Reihenfolge dar.

Kraftschulung

Hinweise:
- Kein (ausgesprochenes) Krafttraining vor der Pubertät! (Nur allgemeine Kräftigung von Rumpf, Armen und Beinen.)
- Vor Belastung der Wirbelsäule in Längsrichtung (Tiefsprünge, Hanteltraining über Kopf) wird gewarnt!
- Vorsicht bei Partnerübungen (Fehl- und Überbelastungen)!
- Unfunktionelle Übungen (z.B. Klappmesser, Hürdensitz) vermeiden!

Büffelschwanzjagd

Die Schüler gehen paarweise zusammen, je einer nimmt seinen Partner auf den Rücken. Im Hosenbund des oberen Partners wird ein Parteiband so befestigt, daß es zu zwei Dritteln hinten aus der Hose heraushängt („Büffelschwanz").

Die oberen Partner versuchen jeweils, so viele Bänder wie möglich zu erbeuten. Die Büffelschwänze dürfen nur durch geschicktes Ausweichen, nicht aber durch Abwehrbewegungen der Arme, Rempeln oder Umstoßen verteidigt werden.

Abb. 161: Büffelschwanzjagd

Welches Paar erkämpft die meisten Büffelschwänze? Rollenwechsel zwischen „Büffel" und „Reiter" spätestens nach 2 Minuten (Hohe Belastung des „Büffels").

Aus dem Kreis werfen

In einem Kreis (Durchmesser ca. 2 m) sitzen jeweils fünf Schüler Rücken an Rücken und haken sich beim Nachbarn ein. Auf Kommando lassen sie los und versuchen, durch Schieben, Ziehen, Drücken den Gegner aus dem Kreis herauszudrängen. Wer aus dem Kreis gedrängt wird, scheidet aus.

Tauziehwettkampf

Zwei Mannschaften mit je acht bis zehn Schülern stehen sich in Reihe gegenüber und halten ein Tau in den Händen. Auf Kommando beginnt der Ziehwettkampf. Sieger ist diejenige Mannschaft, der es gelingt, das ganze Tau in die eigene Hälfte zu ziehen.

Tauziehen mit Wettlauf

Wie oben, jedoch stehen beide Mannschaften gleich weit entfernt von den Tauenden. Auf Kommando starten sie zum Tau und beginnen sofort mit dem Ziehen. Die Fortbewegungsart kann variiert werden: Hüpfen, Vierfüßlergang, Schubkarrenlauf mit dem Partner usw.

Sockeln

Abb. 162: Sockeln

Wie oben, jedoch stehen oder hocken die beiden Mannschaften auf je einer Langbank. Auf ein Zeichen hin beginnt der Ziehwettkampf. Wer dabei den Boden berührt, muß ausscheiden.

Tauziehen im Viereck

Wie oben, jedoch erfassen vier Schüler das an den Enden zusammengebundene Tau und ziehen es zu einem Viereck straff. Auf ein Zeichen hin beginnt der Ziehwettkampf, wobei jeder Schüler versucht, ein im Abstand von etwa 2 m hinter ihm stehendes Hütchen zu berühren.

Abb. 163: Tauziehen im Viereck

Tigerball auf Geräten

Die Schüler sitzen oder stehen, einzeln oder zu mehreren, auf verschiedenen Geräten (Kästen, Böcke, Pferd usw.), die im Kreis aufgestellt sind (Durchmesser ca. 10 m). Vorher muß genau festgelegt werden, wieviele Schüler ein Gerät besetzen dürfen (Kleinkasten = 1 Schüler, Großkasten = 3 Schüler usw.), wobei die Anzahl der Plätze *genau* der

Abb. 164: Tigerball auf Geräten

Anzahl der Schüler entsprechen muß. Im Kreis befindet sich ein weiterer Schüler („Tiger"). Er muß versuchen, einen Ball, den sich die Schüler zuwerfen, zu berühren oder zu fangen. Gelingt ihm dies, oder fällt der Ball beim Werfen zu Boden, müssen alle Schüler ihre Geräte wechseln. Der Tiger darf sich ebenfalls einen Platz erobern. Wer keinen Platz mehr finden kann, ist neuer Tiger.

Variationen:

- Wie oben, jedoch wird mit mehreren (verschiedenartigen) Bällen gespielt.
- Wie oben, jedoch wird mit mehreren Tigern gespielt (Anzahl der Plätze beachten).

Tragestaffeln mit Stäben

Die Schüler bilden jeweils Dreiergruppen. Zwei Schüler tragen mit *einem Gymnastikstab* einen dritten, der dabei

- ein Bein eingehängt hat,
- auf dem Stab sitzt,
- beide Beine waagrecht nach vorne gestreckt hat, Kinn über dem Stab.

Sänfte

Die beiden Träger stehen hintereinander und tragen auf *zwei Stäben* einen Dritten, der sich mit den Armen im Stütz befindet (Beine dürfen den Boden nicht berühren).

Abb. 165: Sänfte

Römisches Wagenrennen

Wie „Sänfte", jedoch steht der Getragene mit beiden Beinen auf den Stäben („Wagenlenker"). Er hält sich an den Schultern des vorderen Trägers fest.

Abb. 166: Römisches Wagenrennen

Schieben, Ziehen, Heben (Partnerwettkampf)

- Die beiden Partner befinden sich Rücken an Rücken in der Hocke, Arme sind eingehakt. Jeder versucht, den anderen wegzuschieben.
- Beide Partner im Langsitz, Rücken an Rücken, Arme sind eingehakt. Jeder versucht, den anderen durch seitliches Herunterziehen in die Bauchlage zu bringen.
- Die beiden Partner umfassen sich gegenseitig im Hüftbereich und versuchen, den anderen vom Boden abzuheben.

Rempeln (Partnerwettkampf)

- Zwei Partner stehen sich Schulter gegen Schulter gegenüber und versuchen, sich gegenseitig wegzudrücken.
- Zwei etwa gleich große Partner stehen sich gegenüber. Mit beidbeinigem Hoch- und Anspringen versuchen sie, sich gegenseitig mit der Brust so zu rempeln, daß beide ihr „Gleichgewicht beibehalten können".

Partnerübungen mit dem Medizinball

- Partner A wirft den Medizinball hoch, B startet dem Ball entgegen und fängt ihn in der Luft.
- Beide Partner stehen sich Rücken an Rükken im Abstand von etwa 1 m gegenüber. Sie übergeben sich gegenseitig einen Medizinball, indem sie sich abwechselnd nach links bzw. nach rechts drehen. Der Abstand kann erweitert (ca. 3 m) und der Ball geworfen werden.
- Der auf dem Boden liegende Medizinball wird mit beiden Füßen eingeklemmt und mit kräftigem Absprung zum Partner geschleudert.
- Partner A liegt auf dem Rücken und zieht die Beine an. B wirft ihm den Medizinball aus kurzer Distanz (1 m) so auf die Fußsohlen, daß er diesen durch explosives Beinstrecken wegstoßen kann.
- Der Medizinball wird rückwärts dem Partner zugeworfen: Überkopf, durch die gegrätschten Beine, in der Rückenlage mit beiden Füßen über den Kopf.
- Beide Partner liegen sich in der Bauchlage gegenüber und werfen sich den Medizinball gegenseitig zu. Beim Werfen wie beim Fangen dürfen Ball und Ellbogen den Boden nicht berühren. **Hinweis:** Es muß dabei auf „Strecklage" geachtet werden! (Schüler gehen ins Hohlkreuz!)
- Partner A legt sich steif wie ein Brett in Rückenlage auf den Medizinball. B zieht und schiebt ihn auf dem Ball (vom Nakken bis unter das Gesäß) hin und her.

Partnerspiele mit dem Medizinball

- Beide Partner haben jeweils einen Medizinball zwischen den Knien und einen zwischen den Ellbogen eingeklemmt. Jeder versucht, ohne selbst einen Ball zu verlieren, den anderen dazu zu bringen, daß er einen Ball fallen läßt.
- Beide Partner haben einen Medizinball und umfassen diesen fest mit beiden Armen. Sie versuchen sich gegenseitig, den Ball zu entwinden (aus den Armen drükken).

Abb. 167: Zweikampf auf der Längsbank

- Beide Partner haben jeweils einen Medizinball in den Händen. Sie stehen sich auf einer Längsbank gegenüber, gehen aufeinander zu und versuchen, sich gegenseitig mit dem Ball von der Bank zu drükken.

Ausdauerschulung

Hinweise:
- Bis etwa 14 Jahre überwiegend aerobe Ausdauer schulen!
- Längere Strecken – Geringeres Tempo.
- Ausdauertraining mit Schülern ist ungefährlich. (Skelettmuskulatur ermüdet vor Herzmuskulatur.)
- Nach einem Infekt (Grippe, Mandelent-

zündung) kein Ausdauertraining (Gefahr der Herzmuskelschädigung).
- Ausdauertraining stets am Schluß einer Übungsstunde!

Anhängerstaffel

Je sechs bis acht Schüler bilden eine Mannschaft und stellen sich in Reihe hinter einem Hütchen auf. Vor jeder Mannschaft steht in ca. 30 m Entfernung ein Mal (Hütchen). Auf ein Zeichen hin läuft der erste Schüler jeder Mannschaft um sein Mal und wieder zurück. Er läuft um seine Mitspieler herum und fordert den 2. Läufer durch Abschlagen zum Mitlaufen auf. Beide laufen gemeinsam um ihr Mal, wieder zurück zur Mannschaft, nehmen den dritten mit usw. Die Läufer scheiden in der Reihenfolge, in der sie begonnen haben, auch nacheinander wieder aus.

Abb. 168: Anhängerstaffel in Kreuzform

Hinweis: Nicht zu schnell – eher verhalten – beginnen.
Variationen:
- Wie oben, jedoch stehen die Mannschaften *in Kreisaufstellung*
- Wie oben, jedoch sitzen die Mannschaften *auf Längsbänken, die in Kreuzform* aufgestellt sind.

Kettenfangen

Die Schüler werden in einem abgegrenzten Feld von einem Fänger verfolgt. Wer von ihm abgeschlagen wird, muß ihn an der Hand fassen und mit ihm gemeinsam weiterfangen. Jeder weitere abgeschlagene Schüler kommt als Kettenglied hinzu, wobei nur die beiden äußeren Fänger der Kette mit ihren freien Händen abschlagen dürfen. Jede Kette darf jedoch nicht mehr als 3 Schüler umfassen. Wird ein 4. Schüler gefangen, werden 2 Zweierketten gebildet usw. Reißt die Kette, darf nicht weiter gefangen werden. Ziel ist es, alle Schüler zu fangen.

Affenfangen

In einem abgegrenzten Feld versucht ein Fänger, die anderen Schüler abzuschlagen. Gelingt ihm dies, wird der Abgeschlagene zum neuen Fänger. Die bedrohten Schüler („Affen") können sich jedoch retten, indem sie auf eine „Palme klettern", d. h., sich in ein Freimal retten (Matte, Kreis, Taue, einen Mitschüler umarmen oder an ihm hochspringen und sich festhalten, vgl. Abb.). Diese Rettung ist jedoch nur 3 Sek. gestattet. Der Fänger darf währenddessen nicht warten.

Abb. 169: Affenfangen

Gruppenjagd

Zwei Gruppen stehen sich im Abstand von ca. 30 m gegenüber. Gruppe 1 läuft los. Sobald sie die wartende Gruppe 2 erreicht hat, läuft diese los. Hat sie die Ablauflinie von Gruppe 1 erreicht, läuft diese wieder los. Hat sie die Gruppe 2 erreicht, ist diese wieder mit dem Zurücklaufen an der Reihe. Nach 45 Sek. erfolgt eine Pause. Danach erfolgt der 2. Durchgang (60 Sek.) Pause; anschließend der 3. Durchgang (90 Sek.), Pause. Jetzt rückwärts, d. h. wieder 60 Sek., Pause, danach der Abschluß (45 Sek.), Pause.

Abb. 170: Gruppenjagd

Streßball

Acht bis zehn Schüler bilden einen Kreis (Durchmesser ca. 10 m) und werfen sich reihum einen Ball zu. Ein Mitspieler läuft außerhalb des Kreises und bestimmt mit seinem Lauf die Geschwindigkeit und Richtung der Pässe. Zusätzlich kann er noch durch Zuruf die Art der Pässe bestimmen (z. B. Überkopfpaß, indirekter Paß). Nach einiger Zeit kann sich der Läufer vor einen Kreisspieler stellen und mit diesem die Rolle tauschen.

Variation: Wie oben, jedoch bestimmen jetzt die ballwerfenden Kreisspieler das Lauftempo und die Laufrichtung des Außenläufers.

Non-Stop

An den Ecken eines ca. 50 m mal 50 m großen Feldes (Sportplatzhälfte) steht je eine Gruppe von vier bis sechs Schülern. Auf ein Zeichen hin laufen alle vier Gruppen im Uhrzeigersinn in verhaltenem Tempo los. Nach einer Runde „Einlaufen“ sollen die Abstände der Gruppen weiterhin möglichst gleich sein. Nun beschleunigt die erste Gruppe (während die drei anderen im selben, verhaltenen Tempo weiterlaufen), erreicht die Gruppe 2, die ihrerseits sofort beschleunigt, während Gruppe 1 wieder verhalten weiterläuft. Gruppe 2 erreicht Gruppe 3 usw.

Hinweis: Auf möglichst gleiche Abstände zwischen den Gruppen achten!

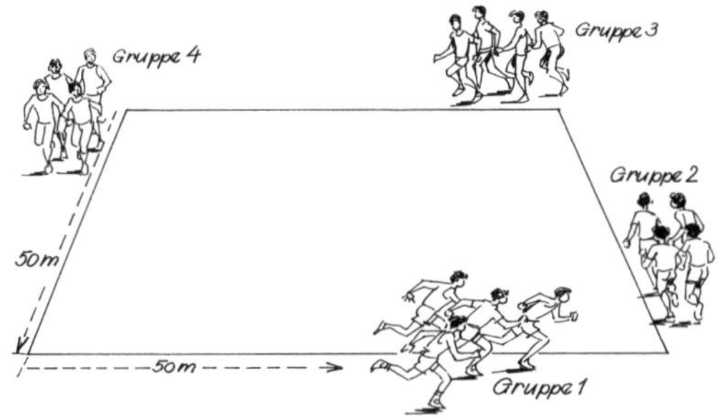

Abb. 171: Non-Stop

Sechs-Tage-Rennen

An den Ecken eines ca. 30 m mal 30 m großen Feldes steht je eine Gruppe von vier bis sechs Schülern, die durchnumeriert sind. Auf Kommando laufen die jeweils ersten Schüler um das Feld herum bis zu ihrer Gruppe, von wo aus der nächste Schüler startet usw.

Zahl der Durchgänge nach Leistungsstand.

Mattenmedizinball

In jede Spielfeldhälfte wird eine Turnmatte gelegt. Zwei Mannschaften mit je sechs bis acht Schülern versuchen, einen Medizinball auf die gegnerische Matte zu werfen. Jede Mattenberührung des Balles ergibt einen

Punkt und Ballbesitz für die andere Mannschaft. Es ist nicht erlaubt, mit dem Ball in der Hand länger als 3 Schritte zu laufen oder den Ball zu prellen. Die beiden Matten dürfen nicht betreten werden, es kann aber um sie herumgespielt werden.

Abb. 172: Mattenmedizinball

Schnelligkeitsschulung

Hinweise:
- Schnelligkeitsschulung nur in ausgeruhtem Zustand!
  (Zu Beginn der Übungsstunde, nach ausreichender Aufwärmung)
- Kein Training der Schnelligkeitsausdauer vor 12 Jahren!
  (Schüler verfügen in diesem Alter nur über eine geringe anaerobe Ausdauerfähigkeit)

Abb. 173: Feuer – Wasser

Feuer – Wasser

In einer Halle werden möglichst viele Geräte zum Aufsteigen, Hochklettern, Anhängen usw. aufgestellt (Kästen, Böcke, Recks, Ringe, Taue). Die Schüler laufen in der Halle umher und müssen sich auf den Ruf des Lehrers in Sicherheit bringen, indem sie auf den Ruf
„Feuer" sich flach auf den Boden legen;
„Wasser" auf Kästen springen, auf Taue klettern, sich ans Reck hängen;
„Nordpol" schnellstmöglich an eine zuvor ausgemachte Stirnseite der Halle laufen;
„Südpol" schnellstmöglich an die entgegengesetzte Stirnseite laufen;
„Äquator" in der Mitte der Halle zusammenkommen.

Variation: Wie oben, jedoch scheidet nach jedem Ruf der Letzte aus (Abschlußspiel).

Anhänger-Paarstaffel

Je sechs bis acht Spieler bilden eine Mannschaft und stellen sich in Reihe hinter einem Hütchen auf. Vor jeder Mannschaft steht in ca. 20 m Entfernung ein Mal (Hütchen). Auf Kommando sprintet der erste Schüler jeder Mannschaft zu seinem Mal und wieder zurück. Dort läuft er um seine Mitspieler herum und nimmt den nächsten Läufer durch Abschlagen mit. Beide sprinten gemeinsam zum Mal und wieder zurück. Sie umlaufen ihre Mannschaft, und der 2. Läufer nimmt nun den dritten mit, während der erste ausscheidet.

Nummernstaffel

Jeweils vier bis sechs Schüler bilden eine Mannschaft und stellen sich in Reihe hinter einem Hütchen auf. Vor jeder Mannschaft steht in ca. 20 m Entfernung ein Mal (Hütchen). Jede Mannschaft wird durchnumeriert. Wird eine Nummer aufgerufen, sprintet der entsprechende Schüler der Mannschaften so schnell wie möglich zum Mal und wieder auf seinen Platz zurück. Der jeweils Erste erzielt einen Punkt für seine Mannschaft.

Variation: Wie oben, jedoch sitzen die Mannschaften, liegen auf dem Rücken, auf dem Bauch, befinden sich in der Banklage, im Liegestütz usw.

Abb. 174: Nummernstaffel

Katze und Maus

Zehn bis zwölf Schüler stellen sich in einem großen Kreis mit etwa 2 m Abstand zueinander auf und bilden jeder mit weit gegrätschten Beinen einen Durchschlupf. Ein Schüler ist die „Katze", die versucht, einen anderen, die „Maus", im Kreis zu fangen. Die Katze darf der Maus, immer wenn sie sie erreichen kann, leichte Schläge auf den Rücken versetzen. Die Maus kann sich vor ihr in Sicherheit bringen, indem sie bei einem der stehenden Schüler durch die gegrätschten Beine hindurchschlüpft. Dieser wird dadurch zur neuen Katze, während die alte Katze jetzt die

Abb. 175: Katze und Maus

Rolle der Maus einnimmt und sich ihrerseits nun in Sicherheit bringen muß.

Variation: Wie oben, jedoch müssen Katze und Maus jetzt außen um den Kreis herumlaufen. Wenn sich die Maus vor einen Kreisspieler stellt, wird dieser zur neuen Katze.

Komm mit – Lauf weg!

Die Schüler stehen in mehreren Gruppen zu je drei bis fünf Spielern hintereinander in Sternform. (vgl. Abb.) Ein Spieler läuft im Kreis außen um die Gruppen herum und fordert eine beliebige Gruppe zum Wettlauf über eine Runde auf. Dazu schlägt er dem letzten der Gruppe leicht auf die Schulter und ruft: „Komm mit!" oder „Lauf weg!". Im ersten Fall läuft die gesamte Gruppe so schnell wie möglich hinter ihm her, im zweiten läuft sie in die entgegengesetzte Richtung um den Kreis herum auf ihren alten Platz. Derjenige Schüler, der als letzter dort

Abb. 176: Komm mit – Lauf weg

ankommt, muß weiterlaufen und eine neue Gruppe herausfordern.

Variation: Wie oben, jedoch sitzen die Gruppen, liegen auf dem Bauch, auf dem Rücken, befinden sich in der Banklage, im Liegestütz usw.

Schwarz – Weiß

Die Schüler stehen sich in zwei gleich großen Mannschaften (Schwarz – Weiß) im Abstand von ca. 1 m gegenüber. Auf den Ruf „Schwarz" oder „Weiß" versucht die aufgerufene Mannschaft, die andere zu fangen, die sich nach hinten bis zu ihrer Rettungslinie retten kann. Abgeschlagene Schüler werden „gefangengenommen" und müssen in der gegnerischen Mannschaft weitermachen.

Variation: Wie oben, jedoch sitzen die Mannschaften, liegen auf dem Bauch, auf dem Rücken, befinden sich in der Banklage, im Liegestütz usw.

Abb. 177: Schwarz-Weiß

Staffelhasche

Zwei gleichgroße Mannschaften (A und B) spielen gegeneinander. Mannschaft A befindet sich innerhalb eines abgegrenzten Feldes (etwa 20 m mal 20 m), B steht außerhalb um das Feld herum.

Auf Kommando sprintet der erste Schüler der Außenmannschaft B in das Feld und versucht, einen Spieler von A abzuschlagen. Gelingt ihm dies, muß sich der Abgeschlagene hinsetzen, der Fänger rennt aus dem Feld, schlägt dort einen Mitspieler seiner Mannschaft ab, der daraufhin ins Feld startet und versucht, einen weiteren Spieler von A abzuschlagen usw. Sitzen alle Spieler A auf dem Boden, d. h., ist jeder von B einmal Fänger gewesen, werden die Aufgaben getauscht. Welche Mannschaft schlägt die andere in der kürzeren Zeit ab? (Zeit stoppen).

Abb. 178: Staffelhasche

Aufstieg – Abstieg

Die Schüler werden in 6 (8) Dreiergruppen eingeteilt (Gruppen 1–6), die gruppenintern jeweils einen Sprintwettkampf über ca. 30 m durchführen. In Gruppe 6 sollen sich die vermeintlich schnellsten Sprinter befinden, in Gruppe 1 die vermeintlich langsamsten.

Die jeweiligen Sieger der Gruppenwettläufe steigen in die nächsthöhere (-bessere) Gruppe auf (6 nach 5, 5 nach 4 usw.), die jeweiligen Verlierer steigen in die nächstniedere (-schwächere) Gruppe ab (1 nach 2, 2 nach 3 usw.), die jeweiligen Zweiten verbleiben in ihrer Gruppe. Lediglich die Gruppe 1 kennt keinen Aufsteiger, die Gruppe 6 keinen Absteiger.

Gruppe 6 beginnt, es folgen Gruppe 5 usw. Wer befindet sich nach 6 Durchgängen (= Zahl der Gruppen) in der Spitzengruppe? (Abb. 179)

Abb. 179: Wettkampfschema des 1. Durchgangs (2.–6. Durchgang analog)

Gr. 6	Gr. 5	Gr. 4	Gr. 3	Gr. 2	Gr. 1
1. ——→	2. ←——	3.	1. ——→	2. ←——	3.
2.	1. ——→	2. ←——	3. ←——	3.	1.
3. ←——	3.	1. ——→	2.	1. ——→	2.

Beweglichkeitsschulung

Stretching = Statisches (gehaltenes) Dehnen

Hinweise:
- Verletzte Muskulatur darf niemals gedehnt werden!
- Statisches (gehaltenes) Dehnen = Stretching ist ruckartigem Dehnen vorzuziehen.
- Stretching erst nach der Pubertät!
- Vorsicht bei Partnerübungen! (Dosierung der Intensität). (Abb. 180)

Abb. 180: Stretchingprogramm für Fußballspieler (nach Sölveborn 1983)

Hinweise zur Durchführung:

Den einzelnen Muskel (z.B. Wade, Oberschenkel vorne, hinten) gezielt und gleichmäßig dehnen.

Den Muskel zunächst 5–10 Sek. isometrisch anspannen, danach kurz entspannen (dadurch wird der folgende Dehnungseffekt verstärkt).

Langsam in die Dehnung hineingehen, bis zu einem leichten Gefühl des „Ziehens" (Schmerzgrenze).

Die jeweilige Stellung ca. 15 Sek. halten, ruhig weiteratmen, Konzentration auf den Muskel richten.

Langsam aus der Dehnung herauskommen, kein Nachfedern!

Den Dehnvorgang wiederholen, ggf. mit etwas erweiterter Dehnstellung.

Partnerübungen

Partnerübungen dürfen kein „Gegeneinander" sondern ein „Miteinander" sein. Dehnübungen mit Partnerunterstützung sind dann unproblematisch, wenn der Gedehnte die Dosierung der Intensität durch verbale Hinweise an den Partner selbst übernimmt. (Abb. 181–187)

Die Partner sitzen sich gegenüber (Beine gestreckt oder gegrätscht), Hände fassen, ziehen.

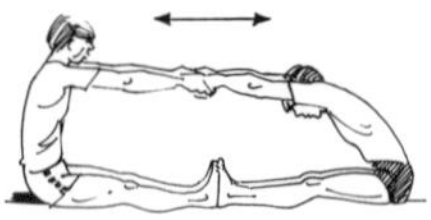

Abb. 181

Die Partner stehen Rücken an Rücken, haken sich unter und heben sich gegenseitig hoch (Beine hängen lassen).

Abb. 182

Die Partner sitzen Rücken an Rücken, fassen sich an den Handgelenken und ziehen sich gegenseitig über den Kopf.

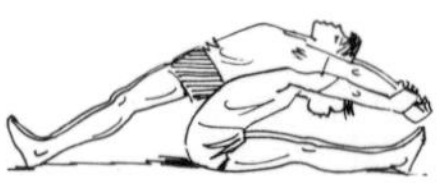

Abb. 183

Die Partner stehen sich gegenüber und fassen sich an den Händen. Auf einer Seite einsteigen, drehen und aussteigen.

Abb. 184

Die Partner stehen sich gegenüber, beugen den Oberkörper rechtwinklig ab, fassen sich an den Händen und drehen seitlich nach oben auf („Fenster"). (Nach rechts und nach links).

Abb. 185

Partner A sitzt im Strecksitz. Er hebt die Beine an, umfaßt die Knie und zieht den Kopf gegen die Knie. Partner B in Seitgrätschstellung neben A hilft nach.

Abb. 186

Partner A spreizt ein Bein bis zur Waagrechten. B umfaßt sein Fußgelenk. A beugt den Rumpf möglichst weit nach vorne, berührt die Beine (beide Knie bleiben gestreckt).

Abb. 187

Dehnübungen, die vermieden werden sollen

Kopfkreisen

Gefährdung: Schädigung der Bandscheiben und der kleinen Wirbelgelenke im Nackenbereich (kein Kugelgelenk).

Rumpfkreisen

Im Stand: Kreisen des Oberkörpers, der Arme um die Hüfte.

Gefährdung: Fehlbelastung der Lendenwirbelsäule, Überstreckung.

Holzhacken

Im Stand: Ruckartiges, weites Schwingen der Arme durch die gegrätschten Beine.

Gefährdung: Schädigung der Lendenwirbelsäule; Ischiasnerv kann eingeklemmt werden.

Scheibenwischer

Rückenlage: Seitliches Absenken der gestreckten Beine nach links und rechts.

Gefährdung: Überdehnung im Hüftbereich.

Hürdensitz

Sitz: Ein Bein wird stark im Knie nach hinten abgebeugt (Fuß nach außen).

Gefährdung: Schwerbelastung des Kniegelenks.

Koordinationsschulung

Hinweise:
- Die koordinativen Fähigkeiten entwickeln sich am intensivsten im Alter von 10–12 Jahren (sog. „Geschicklichkeitsalter").
- Koordinative Fähigkeiten beeinflussen stark die Schulung von Technik, Beweglichkeit, Kraft und Schnelligkeit.
- Die Koordinationsschulung sollte stets am Anfang einer Übungsstunde liegen, da nur in einem ausgeruhten Zentralnervensystem eine Leistungsverbesserung erreicht werden kann.

Beintreffer

Mehrere Schüler bilden auf dem Bauch liegend einen kleinen Kreis (3–4 m Durchmesser) und rollen sich einen Ball zu. Im Kreis befinden sich 2 weitere Schüler, die versuchen, durch geschicktes Laufen, Hüpfen, Springen dem Ball auszuweichen. Nach jedem Treffer findet ein Rollenwechsel statt.

Variation: Wie oben, jedoch wird jetzt mit 2 (verschiedenen) Bällen gespielt.

Geteiltes Paar

Die Schüler laufen in einem abgegrenzten Feld umher. Zwei Schüler, das „geteilte Paar", stehen einzeln in entgegengesetzten Ecken des Feldes. Auf ein Zeichen hin versuchen die beiden, sich zu vereinigen (Handfassen), was die übrigen Spieler durch Kreuzen, Sperren ohne Körperberührung oder Kettenbildung verhindern wollen. Gelingt dem geteilten Paar dennoch die Vereinigung, versuchen sie als Paar, 2 Spieler abzuschlagen. Diese bilden das nächste geteilte Paar.

Glucke und Geier

Die Schüler stehen in Reihe hintereinander und umfassen jeweils mit beiden Händen die Hüfte des Vordermannes. Der erste der Reihe ist die „Glucke", die mit ausgebreiteten Armen versucht, ihre „Küken" vor dem „Geier" zu schützen. Dieser steht vor der Reihe und versucht, durch geschickte Täuschungen,

Wendungen und schnelle Bewegungen an der Glucke vorbeizukommen, um ein Küken zu fangen. Die Glucke reagiert ihrerseits mit raschen Abwehrbewegungen, denen die ganze Kükenschar folgt.

Wird ein Küken gefangen oder reißt die Kette auseinander, wird der Geier zum hintersten Küken, die Glucke zum Geier, und der bisherige zweite Spieler in der Reihe übernimmt die Rolle der Glucke.

Abb. 188: Glucke und Geier

Rettungsinsel

Zwei (3) Fänger verfolgen einzeln die anderen Schüler in einem abgegrenzten Feld. In diesem stehen kleine Kästen (oder liegen Reifen) als „Rettungsinseln" herum, *eine weniger* als Fünfergruppen aus den Spielern gebildet werden können. Hat ein Fänger einen Spieler abgeschlagen, fassen sich beide an der Hand und bilden eine Kette. Jeder weitere abgeschlagene Spieler kommt als neues Kettenglied hinzu, wobei nur die beiden äußeren Fänger mit ihren freien Händen abschlagen dürfen (vgl. Kettenfangen).

Sobald eine Viererkette einen weiteren Spieler abschlägt, rufen diese 5 Spieler laut „Rette sich wer kann!". Bei diesem Ruf lösen sich alle Ketten auf und jeder versucht, sich auf eine Rettungsinsel zu flüchten. Auf jeder Rettungsinsel dürfen nur 5 Spieler stehen, die sich gegenseitig helfen und halten, damit keiner herunterfällt. Diejenigen Schüler, die keinen Platz erobert haben, sind die neuen Fänger.

„Flinker Korb"

Zwei Mannschaften spielen gegeneinander „Basketball". Als „Körbe" dienen 2 Gymnastikreifen, die jeweils von einem Spieler der beiden Mannschaften gehalten werden. Sie dürfen sich nur in den Freiwurfräumen aufhalten und bilden dort durch geschicktes Agieren je einen „flinken Korb". Die anderen Spieler dürfen die Kreise nicht betreten. Ein „Korb" ist dann erzielt, wenn der Ball durch den eigenen Reifen geworfen wird.

Abb. 189: Flinker Korb

Variationen:
- Wie oben, jedoch dürfen sich die beiden Schüler, die die „Körbe" halten, frei in der Halle bewegen.
- Wie oben, jedoch werden die Reifen von 2–3 Schülern gehalten.

Koordinative Übungsformen an der Langbank (Gleichgewichtsschulung)

Die nachfolgenden Übungsformen können, abhängig davon wie gleichgewichtssicher die einzelnen Schüler sind, auf der breiten bzw. auf der schmalen Seite der Langbank ausgeführt werden. Für besonders gleichgewichtssichere Schüler kann die breite Fläche der Langbank zusätzlich auf 3–4 Gymnastikstäbe gelegt werden (bewegliche Unterlage). Ein Schüler sichert die Bank. (Abb. 190)

Abb. 190: Balancieren über die Langbank

Abb. 191: Balancieren über die Langbank mit Partner

- Stand auf der Bank, beide Arme über dem Kopf zusammenführen und abwechselnd das linke und rechte Bein zur Seite hoch heben;
- vorwärts, seitwärts, rückwärts über die Bank balancieren;
- vorwärts, seitwärts, rückwärts über die Bank balancieren mit halber oder ganzer Drehung;
- über die Bank balancieren und dabei zwei Bälle auf den zur Seite gestreckten Händen jonglieren;
- balancieren über die Langbank mit gleichzeitigem Ballprellen links oder rechts neben der Bank;
  Variation: Den Ball abwechselnd links und rechts neben der Bank prellen;
- balancieren über die Bank, gleichzeitig einen Gegenstand (Tennisring, Ball o.ä.) auf dem Kopf ausbalancieren;
- vorwärts, seitwärts, rückwärts am Partner vorbeibalancieren, ohne den Boden zu berühren;
- paarweise über die Bank balancieren, beide Partner gehen vorwärts, dabei einen Ball zwischen sich (Rücken/Brust, Hinterkopf/Stirn usw.) einklemmen (Abb. 191);
  Variation: beide Partner gehen rückwärts; ein Partner geht vorwärts, der andere rückwärts und umgekehrt.

Spiele an der Wand

Einzel- bzw. Partnerspiele mit Ball an der Wand:
- **Einzelpassen gegen die Wand:** mit der Breitseite, mit dem Spann, direkt, indirekt, flach, hoch, links, rechts, mit dem Kopf, mit dem Oberschenkel usw.
- **A paßt, B stoppt:** Schüler A paßt den Ball gegen die Wand, B stoppt den zurückprallenden Ball, anschließend umgekehrt usw.
- **Einzelkicken gegen die Wand:** den Ball aus der Hand kicken – Volley, Drop-Kick, gefühlvoll in ein Ziel (Viereck, Gitterleiter), als Fallrückzieher usw.
- **Eckenspiel (Fußballsquash):** die beiden Schüler spielen mit beiden, im rechten Winkel aufeinanderstoßenden Wänden; zunächst mit Ballannehmen, anschließend direktes Spiel (flach, halbhoch, hoch, mit Fuß, Kopf usw.).
- **Zielwettschießen:** Schüler A nennt ein Ziel an der Wand und versucht, es zu treffen. Schüler B macht es ihm nach und nennt anschließend seinerseits ein Ziel an der Wand, versucht es zu treffen usw.
- **Fußballboccia:** Schüler A versucht aus ca. 10 m Entfernung seinen Ball so in einen Kreis zu passen, daß er dort liegenbleibt. Schüler B versucht dies ebenso und kann noch den Ball von A herausschießen.

Anhang

Kurzregeln

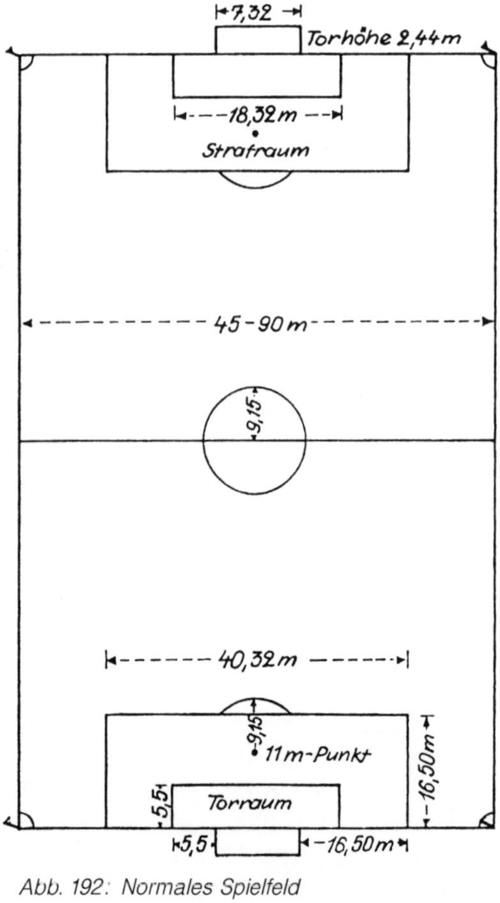

Abb. 192: Normales Spielfeld

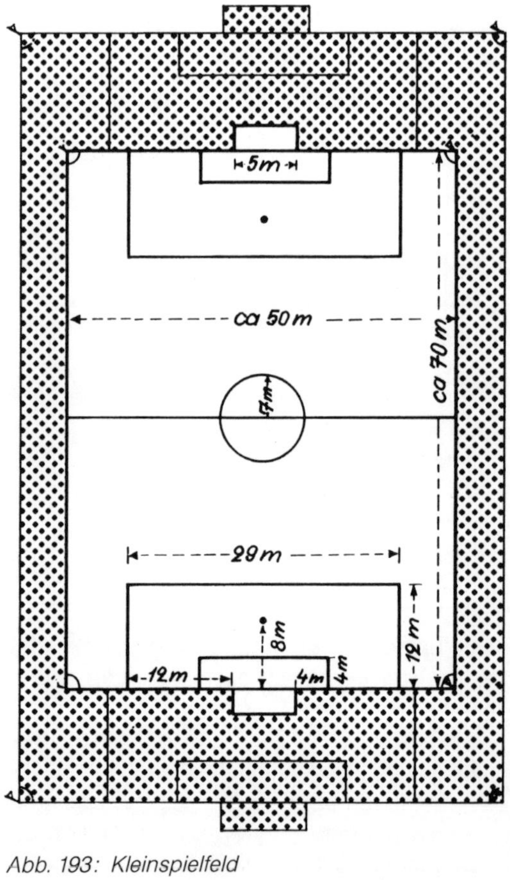

Abb. 193: Kleinspielfeld

Neben technischen Fertigkeiten und taktischen Fähigkeiten sollen die Schüler auch die *für das Spielgeschehen* wichtigsten Fußballregeln kennen. Insbesondere „Fortgeschrittene" sollten in der Lage sein, Schulfußballspiele (Klassenspiele, Wettspiele bei „Jugend trainiert für Olympia" usw.) leiten zu können.

Die nachfolgenden Regeln wurden mit freundlicher Genehmigung des Deutschen Fußball-Bundes der Broschüre „Kurzregeln für Schule und Verein" (hrsg. DFB Frankfurt 1980[2]) auszugsweise entnommen und aktualisiert.

Spielfelder

Normales Spielfeld

Hinweise: Die Größe eines Fußballplatzes ist variabel; Länge zwischen 90 m und 120 m, Breite nicht weniger als 45 m (Länge muß die Breite übertreffen).

Die *Linien* zählen zum Spielfeld.

Das *Tor* mißt 7,32 m × 2,44 m. (Abb. 192)

Kleinspielfeld

Hinweis: *Jugendtore* (E- und F-Jugend) messen 2 m × 5 m. (Abb. 193)

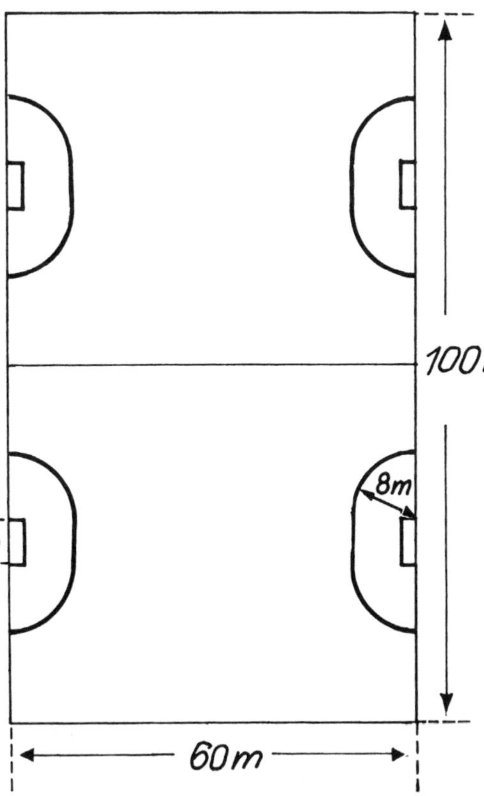

Abb. 194: Schulgerechte Kleinspielfelder im Querbetrieb (2 Spielfelder)

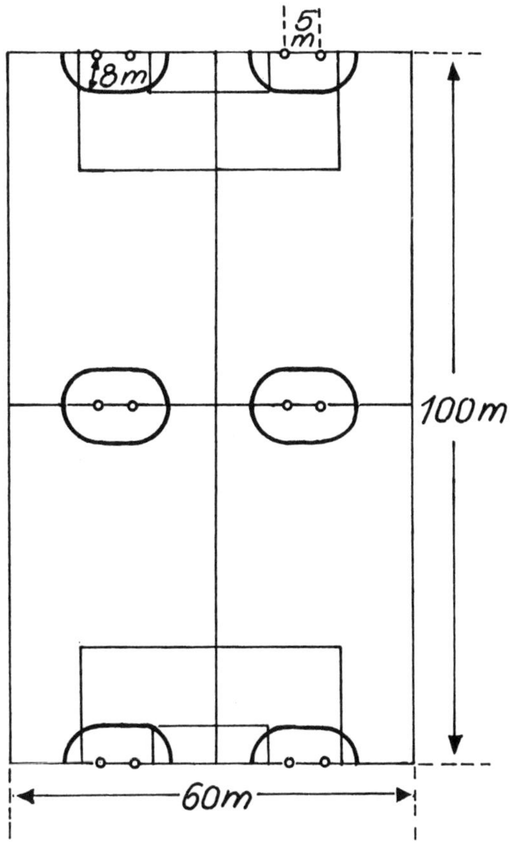

Abb. 195: Schulgerechte Kleinspielfelder im Längsbetrieb (4 Spielfelder)

Schulgerechte Kleinspielfelder

Im Querbetrieb

Hinweise: Es werden *2 Spiele* gleichzeitig ermöglicht;
Mannschaftsstärke: 7:7
Jugendtore (Abb. 194)

Nach Vierteilung des Feldes

Hinweise: Es werden *4 Spiele* gleichzeitig ermöglicht;
Mannschaftsstärke: 4:4 oder 5:5
Jugend- oder Fähnchentore (Abb. 195)

Die Dauer des Spiels

Senioren	2×45 Minuten
A-Junioren (16–18 Jahre)	2×45 Minuten
B-Junioren (14–16 Jahre)	2×40 Minuten
C-Junioren (12–14 Jahre)**	2×35 Minuten
D-Junioren (10–12 Jahre)*	2×30 Minuten
E-Junioren (8–10 Jahre)*	2×25 Minuten
F-Junioren (bis 8 Jahre)*	2×20 Minuten
Seniorinnen	2×45 Minuten
A-Juniorinnen (13–16 Jahre)	2×35 Minuten
B-Juniorinnen (10–13 Jahre)	2×30 Minuten
C-Juniorinnen (bis 10 Jahre)	2×25 Minuten

Stichtag ist der 1. August eines jeden Jahres.

Die Halbzeitpause soll im Umkleideraum 5 Minuten nicht überschreiten.

Bei Turnieren kann die für eine Altersklasse vorgesehene Gesamt-Spielzeit an einem Spieltag verdoppelt werden.

---

* In diesen Altersklassen sind auch gemischte Mannschaften (Jungen und Mädchen) zugelassen.

** In diesen Altersklassen sind auch gemischte Mannschaften (Jungen und Mädchen) zugelassen, sofern für die Juniorinnen eine andere Spielmöglichkeit nicht besteht und ihre Erziehungsberechtigten zustimmen.

Die Ausrüstung der Spieler

Ergänzung: Das Tragen sogenannter **Thermo- oder Radfahrerhosen** ist gestattet. Die Hosen müssen jedoch die gleiche Farbe wie die Shorts der Mannschaft aufweisen und dürfen nur bis oberhalb des Knies reichen.

Der Spielbeginn

Vor Beginn des Spiels wird um die Wahl der Spielfeldhälfte bzw. des Anstoßes gelost. Das Spiel beginnt mit dem Anstoß vom Mittelpunkt des Spielfeldes aus in Richtung des gegnerischen Tores. Der Ball ist im Spiel, wenn er eine Strecke von der Länge seines Umfanges zurückgelegt hat.

Beim Anstoß müssen alle Spieler in ihrer Spielfeldhälfte stehen und die gegnerischen Spieler mindestens 9,15 m vom Ball entfernt sein. Falsches Anspiel führt zur Wiederholung des Anstoßes. Ausnahme: Der Spieler, der den Anstoß ausgeführt hat, spielt den Ball ein zweites Mal, bevor dieser von einem anderen Spieler gespielt oder berührt worden ist. Dieser Regelverstoß wird mit einem indirekten Freistoß geahndet.

Abb. 196

Der Ball in und aus dem Spiel

Der Ball ist aus dem Spiel, wenn er die Tor- oder Seitenlinien vollständig überquert hat oder das Spiel durch den Schiedsrichter unterbrochen ist.
Der Ball bleibt im Spiel
a) wenn er vom Torpfosten, der Querlatte oder einer Eckfahne ins Spielfeld zurückprallt;

Abb. 197

Abb. 198

b) wenn er vom Schiedsrichter oder Linienrichter im Spielfeld berührt wird;
c) solange der Schiedsrichter das Spiel nicht unterbrochen hat.

Wie ein Tor erzielt wird

Ein Tor ist erzielt, wenn der Ball nach regulärem Spiel vollständig die Torlinie zwischen den Torpfosten und unter der Querlatte überquert hat.

Abb. 199

Abseits

Ein Spieler befindet sich in Abseitsstellung, wenn er näher der gegnerischen Torlinie ist als der Ball, außer
a) er befindet sich in seiner eigenen Spielfeldhälfte

Abb. 200 a–d

b) mindestens zwei Spieler der gegnerischen Mannschaft sind ihrer eigenen Torlinie näher als er.

Ein Spieler wird nur dann für seine Abseitsstellung bestraft, wenn er im Moment, in dem ein Spieler seiner Mannschaft den Ball berührt oder spielt, nach Ansicht des Schiedsrichters

- das Spiel oder einen Gegner beeinflußt oder
- versucht, aus dieser Stellung einen Vorteil zu ziehen.

Die Abseitsregel ist aufgehoben:

c) wenn der Ball vom Gegner kommt,

d) wenn er den Ball direkt aus einem Abstoß, Eckstoß, Einwurf oder Schiedsrichterball bekommt.

Bei einem Verstoß gegen die Abseitsregel ist ein indirekter Freistoß durch einen Spieler der gegnerischen Mannschaft von der Stelle auszuführen, an der der Regelverstoß erfolgte.

Beachte:

1. Entscheidend ist, wo sich der Spieler im Augenblick der Ballabgabe seines Mitspielers befindet (seine Stellung bei Ballannahme ist belanglos).
2. Wichtig für eine Schiedsrichterentscheidung ist ferner, ob der abseits stehende Spieler durch seine Stellung störend auf den Gegner einwirkt, er also in das Spiel eingreift.

Abb. 201

Verbotenes Spiel und unsportliches Betragen

a) Ein Spieler, der absichtlich einen der folgenden neun Verstöße begeht, wird mit einem direkten Freistoß bestraft:

1. einen Gegner tritt oder versucht, ihn zu treten;

Abb. 202

2. einem Gegner das Bein stellt (worunter auch ein Zufallbringen oder der Versuch dazu zu verstehen ist), sich vor oder hinter ihm niederbückt;

Abb. 203

3. einen Gegner anspringt;

Abb. 204

4. einen Gegner in heftiger oder gefährlicher Weise rempelt;

Abb. 205

5. einen Gegner von hinten rempelt, ohne daß letzterer ihn behindert;

Abb. 206

6. einen Gegner schlägt oder zu schlagen versucht;

Abb. 207

7. einen Gegner mit der Hand oder mit irgendeinem Teil des Armes hält;

Abb. 208

8. einen Gegner mit der Hand oder irgendeinem Teil des Armes stößt;

Abb. 209

9. den Ball mit der Hand spielt, d. h. ihn mit dem Arm oder der Hand anhält bzw. wirft, trägt oder stößt. (Dies gilt nicht für den Torwart in seinem eigenen Strafraum.

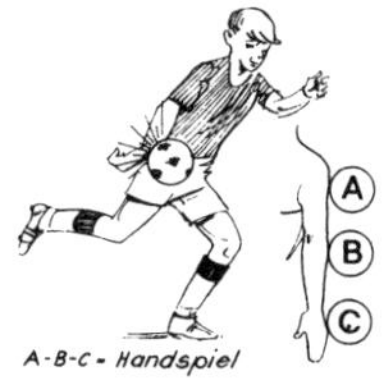

Abb. 210

Begeht ein Spieler der verteidigenden Mannschaft absichtlich einen der oben genannten neun Verstöße innerhalb des eigenen Strafraumes, so ist anstelle eines direkten Freistoßes ein **Strafstoß** zu verhängen. Der Strafstoß wird von der Strafstoßmarke ausgeführt.

b) Verboten ist weiter:

1. in gefährlicher Weise zu spielen;

Abb. 211

2. den Gegner zu rempeln oder zu hindern ohne die Absicht, dabei den Ball zu spielen;

Abb. 212

3. den Torwart anzugreifen, außer wenn dieser den Ball hält, einen Gegner hindert oder seinen Torraum verlassen hat;
4. als Torwart mit dem Ball mehr als vier Schritte zu machen, ohne den Ball frei-

Abb. 213

zugeben, oder, nachdem er den Ball vor, während oder nach den 4 Schritten freigegeben hat, ihn wieder mit den Händen berührt, bevor ihn ein anderer Spieler berührt hat, oder das Spiel absichtlich zu verzögern, um Zeit zu vergeuden und der eigenen Mannschaft einen unsportlichen Vorteil zu verschaffen.

Bei diesen Verstößen ist ein indirekter Freistoß zu verhängen.

c) Verboten ist es auch, ohne das zustimmende Zeichen des Schiedsrichters das Spielfeld zu betreten. Für dieses Vergehen ist der schuldige Spieler zu verwarnen und das Spiel mit indirektem Freistoß fortzusetzen, wo sich der Ball bei der Spielunterbrechung befand.
d) Bei unsportlichem Betragen wird der Spieler verwarnt und das Spiel mit indirektem Freistoß fortgesetzt.
e) Der Schiedsrichter kann Spieler bei wiederholtem unsportlichem Betragen und bei schweren Regelverstößen vom Spielfeld weisen.
f) Wird ein Spieler, der auf das gegnerische Tor zuläuft und offensichtlich die Möglichkeit besitzt, einen Treffer zu erzielen, von einem Gegner absichtlich mit unerlaubten Mitteln gestoppt (und damit seine Torchance zunichte gemacht), ist der fehlbare Spieler wegen groben unsportlichen Betragens **des Feldes zu verweisen.**
g) Hindert ein **Feldspieler** (d.h. ein anderer Spieler als der Torwart) im eigenen Strafraum durch absichtliches Handspiel die gegnerische Mannschaft an einem klaren Torerfolg, wird er wegen groben unsportlichen Betragens **des Feldes verwiesen.**
Analog ist auch ein **Torhüter des Feldes zu verweisen,** wenn er außerhalb seines Strafraums den Ball absichtlich mit der Hand spielt und so eine klare Tormöglichkeit zunichte macht.

Der Freistoß

Bei der Ausführung eines Freistoßes muß der Ball ruhig am Boden (am Ort des Regelverstoßes) liegen. Der Ball darf in jede Richtung gestoßen werden. Die Gegner müssen bis zum Stoß des Balles 9,15 m entfernt bleiben. Der Ball ist erst im Spiel, wenn er den Weg seines Umfanges zurückgelegt hat. Ist das nicht der Fall, muß der Freistoß wiederholt werden.

Aus einem direkten Freistoß kann ein Tor unmittelbar erzielt werden; bei einem indirekten Freistoß muß ein zweiter Spieler (der eigenen oder gegnerischen Mannschaft) den Ball berührt haben, damit ein Tor gültig ist.

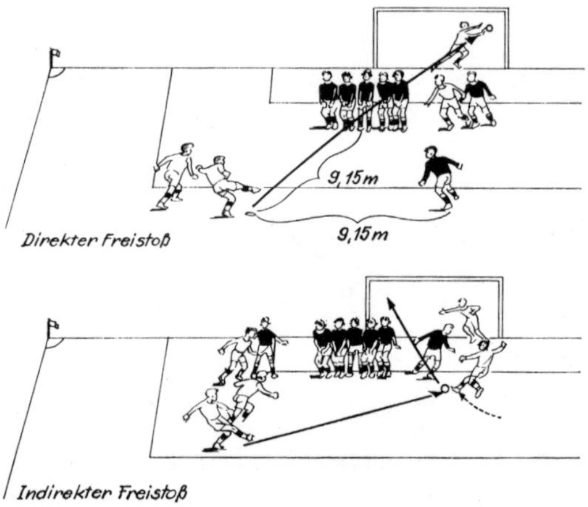

Abb. 214

Beachte: Hat ein Spieler einen Freistoß ausgeführt, darf er den Ball erst wieder berühren, wenn ein anderer Spieler am Ball war oder ihn gespielt hat. Mißachtet er diese Regel, wird das Spiel am Ort des Regelverstoßes durch einen indirekten Freistoß für den Gegner fortgesetzt.

Der Strafstoß

a) Ein Strafstoß wird verhängt, wenn ein Spieler der verteidigenden Mannschaft im eigenen Strafraum einen der neun Regelverstöße begeht, die im ersten Abschnitt der Regel „Verbotenes Spiel und unsportliches Verhalten (s. S. 90) genannt sind.

b) Der Strafstoß wird von der Strafstoßmarke (11 m) ausgeführt. Der Schiedsrichter muß mit einem Pfiff das Zeichen zur Ausführung geben. Alle Spieler außer dem Torwart und dem Strafstoßschützen müssen bis zum Stoß des Balles
1. mindestens 9,15 m vom Ball entfernt sein
2. auf dem Spielfeld und
3. außerhalb des Strafraumes bleiben.
Der gegnerische Torwart muß bis zum Stoß des Balles auf der Torlinie stehenbleiben. Der den Strafstoß ausführende Spieler darf den Ball erst ein zweites Mal spielen, nachdem ihn ein anderer Spieler berührt hat.

c) Beim Strafstoß ist die Abseitsregel in Kraft.

d) Läuft ein Spieler der *angreifenden* Mannschaft zu früh vor, so ist beim Torerfolg der Strafstoß zu wiederholen; geht der Ball neben oder über das Tor, so ist auf Abstoß zu entscheiden. Wehrt der Torwart den Ball ab oder prallt der Ball gegen die Torlatte bzw. den Pfosten, so gibt es einen indirekten Freistoß an der Stelle, wo das Vergehen des *angreifenden* Spielers erfolgte.

e) Läuft ein Spieler der *verteidigenden* Mannschaft zu früh vor, so wird bei einem Torerfolg das Tor anerkannt; wird kein Tor erzielt, so ist der Strafstoß zu wiederholen. Dieses gilt auch, wenn sich der Torwart zu früh von der Torlinie bewegt: Bei einem Torerfolg – Tor, sonst Wiederholung.

f) Verstoßen Spieler beider Mannschaften gegen die Regeln, erfolgt immer eine Wiederholung des Strafstoßes.

g) Springt der Ball vom Torpfosten oder der Querlatte zurück, so darf der den Strafstoß ausführende Spieler den Ball nicht ein zweites Mal spielen.

h) Wird der Ball durch äußere Einflüsse aufgehalten, muß der Strafstoß wiederholt werden.

i) Falls notwendig, ist die Spielzeit bei Halbzeit oder Spielende zu verlängern, um die Ausführung eines in der normalen Spielzeit verwirkten Strafstoßes zu ermöglichen. Ein Nachschuß ist nicht erlaubt.

Der Einwurf

Wird der Ball über die Seitenlinie ins Aus gespielt, so erfolgt durch einen Spieler der gegnerischen Mannschaft ein *Einwurf* an der Stelle, an der der Ball das Spielfeld verlassen hat.

Abb. 215

a) Der Ball ist mit beiden Händen von hinten über den Kopf einzuwerfen. Das Gesicht muß dabei dem Spielfeld zugekehrt sein, die Füße müssen auf der Linie oder außerhalb des Spielfeldes stehen, höchstens jedoch 1 m von der Linie entfernt.

b) Der einwerfende Spieler darf den Ball erst wieder spielen, wenn ihn ein anderer Spieler berührt hat. Ein Tor kann aus einem Einwurf nicht direkt erzielt werden.
c) Bei einem regelwidrigen Einwurf ist der gegnerischen Mannschaft der Einwurf zuzusprechen.
d) Bei Ausführung am falschen Ort erfolgt der Einwurf durch die gegnerische Mannschaft.
e) Beim Einwurf ist für den Spieler, der den Ball direkt erhält, die Abseitsregel aufgehoben.

Abb. 216

Der Abstoß

Spielt ein Spieler der angreifenden Mannschaft den Ball über die gegnerische Torlinie aus dem Spielfeld, so ist ein *Abstoß* auszuführen. Ein Spieler der verteidigenden Mannschaft stößt den Ball aus dem Torraum direkt ins Spielfeld.

Abb. 217

Beachte: Der Ball muß aus dem Strafraum direkt ins Spielfeld gelangen, und die Spieler der gegnerischen Mannschaft müssen, bis der Ball den Strafraum verlassen hat, außerhalb des Strafraumes bleiben, sonst ist der Abstoß zu wiederholen.

Eine Wiederholung erfolgt auch, wenn der Ball den Strafraum nicht verlassen hat oder der Abstoß nicht regelgerecht ausgeführt wurde. Die Ausführung erfolgt auf der Seite, auf der der Ball die Torlinie überschritten hat.

Aus einem Abstoß kann ein Tor nicht direkt erzielt werden. Beim Abstoß ist für den Spieler, der den Ball direkt erhält, die Abseitsregel aufgehoben.

Der Eckstoß

Spielt ein Spieler der verteidigenden Mannschaft den Ball über die eigene Torlinie aus dem Spielfeld, so ist ein *Eckstoß* auszuführen. Ein Spieler der angreifenden Mannschaft führt den Eckstoß auf der Seite aus, auf welcher der Ball die Torlinie überschritten hat. Die gegnerischen Spieler müssen bis zum Stoß des Balles 9,15 m entfernt bleiben.

Aus einem Eckstoß kann ein Tor direkt erzielt werden. Beim Eckstoß ist für den Spieler, der den Ball direkt erhält, die Abseitsregel aufgehoben.

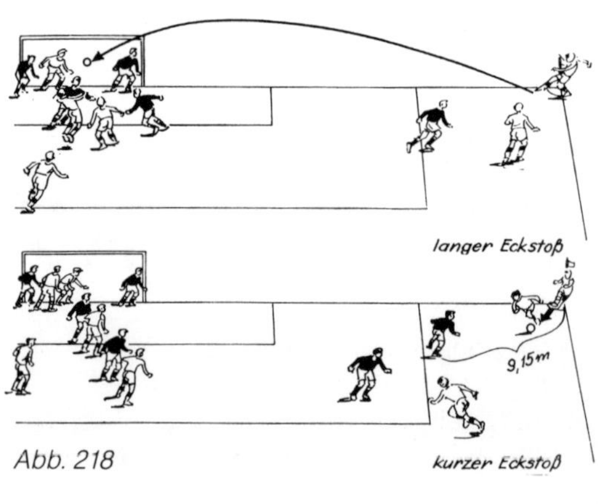

Abb. 218

Richtlinien des Deutschen Fußball-Bundes für Hallenfußballspiele (Kurzfassung)

Hinweis: Die Richtlinien für Hallenfußballspiele variieren in den einzelnen Landesverbänden; für das Hallenfußballspiel können diese Richtlinien empfohlen werden.

Das Hallenfußballspiel richtet sich nach den gegebenen Möglichkeiten, vor allem nach der Größe der zur Verfügung stehenden Halle. Auch die Anzahl der Spieler einer Mannschaft wird durch die Hallengröße bestimmt.

1. Sporthalle und Spielfeld

Das Spielfeld richtet sich nach den Hallen-Ausmaßen, muß rechteckig sein und soll der DIN-Norm (20×40 m) entsprechen. Wird mit Banden gespielt, so hat die Begrenzung des Spielfeldes durch eine mindestens 1 m hohe, festverankerte Bande zu erfolgen. Auch eine Hallenwand bzw. eine einseitige Bande ist gestattet.

Die Aufteilung des Spielfeldes erfolgt entsprechend den Fußball-Regeln, sie ist jedoch den jeweiligen Größenverhältnissen anzupassen.

Als Strafraum ist ein rechteckiger Torraum abzuzeichnen, der mindestens 6 m tief sein muß. Die seitlichen Begrenzungslinien des Torraums verlaufen mindestens 3 m seitlich der Torpfosten. Wenn keine andere Möglichkeit besteht, kann auch ein für Handballspiele eingezeichneter Wurfkreis als Straf- bzw. Torraum Verwendung finden.

Das Tor kann 3 bis 5 m breit und muß 2 m hoch sein. Innerhalb des Straf- und Torraumes ist ein Strafstoßpunkt zu markieren. Dieser befindet sich in der Regel 7 m vom Mittelpunkt der Torlinie entfernt.

2. Anzahl der Spieler

Eine Mannschaft soll aus 12 Spielern bestehen, von denen je nach Spielfeldgröße bis zu 6 (ein Torwart und 5 Feldspieler) gleichzeitig auf dem Spielfeld sein dürfen.

3. Spielzeit

In den verschiedenen Altersklassen sollten folgende Spielzeiten nicht überschritten werden:

Senioren/Seniorinnen	2×15 Minuten
A-Junioren/Juniorinnen	2×15 Minuten
B-Junioren/Juniorinnen	2×12 Minuten
C-Junioren/Juniorinnen	2×10 Minuten
D-Junioren/Juniorinnen	2× 8 Minuten
E-Junioren/Juniorinnen	2× 6 Minuten
F-Junioren/Juniorinnen	2× 5 Minuten

4. Ausrüstung

Für die Ausrüstung der Spieler gelten – mit Ausnahme der Schuhe – die gleichen Bestimmungen wie bei anderen Fußballspielen. Die Spieler dürfen nur mit Hallenschuhen spielen. Das Spielen ohne Schuhe ist nicht gestattet.

5. Spielregeln

Die allgemeinen Fußballregeln des DFB sind mit folgenden Änderungen und Ergänzungen gültig:

a) Die Abseitsregel ist aufgehoben.
b) Beim Anstoß und bei Spielfortsetzungen müssen alle gegnerischen Spieler mindestens 3 m vom Ball entfernt sein.

c) Der Strafstoß wird von der 7-m-Markierung ausgeführt (Handballtor) oder von der 9-m-Markierung (Jugendtor).
d) Alle Freistöße sind indirekt auszuführen.
e) Tore können aus der eigenen Spielhälfte nicht direkt erzielt werden.
f) Aus einem Eckstoß kann direkt ein Tor erzielt werden.
g) Der Torwart darf einen Ausball (Toraus) oder gehaltenen Ball beliebig abstoßen, abwerfen oder einrollen.
h) Das Spiel mit der Bande kann erlaubt werden.
i) Nach einem Ausball über die Seitenlinie bzw. Seitenbande ist das Spiel durch Einrollen oder Einstoßen des Balles fortzusetzen.
j) Wie hoch der Ball gespielt werden darf, richtet sich nach der Hallenhöhe.
k) Eine einmalige Hinausstellung auf Zeit (2 Min.) ist möglich.
l) Das Auswechseln von Spielern ist gestattet und sollte im Bereich der Mittellinie erfolgen. „Fliegender Wechsel" und „Wieder-Einwechseln" ist ebenfalls gestattet.

Schülerwettspiele und -turniere

Wer möchte bezweifeln, daß begeisternde Schülerwettspiele erst die Krönung des Unterrichts sind!

Erfreulicherweise messen die Richtlinien und Lehrpläne diesem Bereich große Bedeutung zu. Das außerunterrichtliche Sporttreiben wird als „notwendige Ergänzung des lehrplanmäßigen Unterrichts" angesehen, als „Bereicherung des Schullebens" und als „Brücke zwischen dem Sport in der Schule

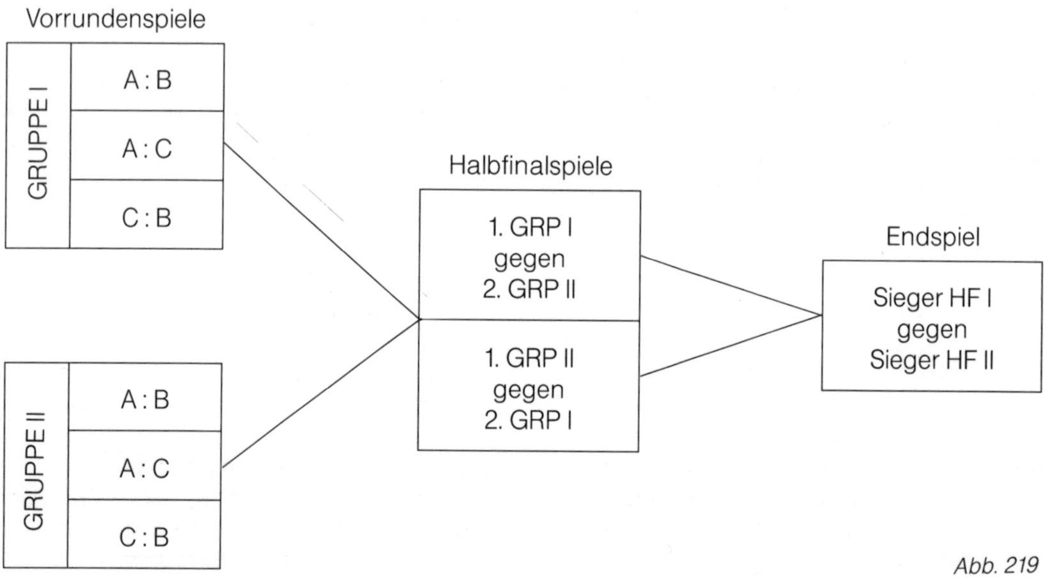

Abb. 219

und dem Sport außerhalb der Schule" (Lehrplan Sport, Baden-Württemberg).

Für das *Fußballspiel* haben sich im wesentlichen folgende außerunterrichtlichen Wettspiel- und Organisationsformen bewährt.

Klassenspiele

Auch wenn Klassenvergleichsspiele insgesamt gesehen seltener geworden sind, erfreuen sie sich doch, insbesondere in der Unter- und Mittelstufe (etwa 5.–8. Klasse), immer noch großer Beliebtheit. Häufig werden sie spontan in „Hohlstunden" oder am unterrichtsfreien Nachmittag vereinbart. Gespielt wird in Siebener-, Neuner- oder Elfermannschaften, wie es gerade die jeweiligen personellen Voraussetzungen der Klassen und die Gegebenheiten der Sportstätte zulassen. Besonderen Stellenwert erhält ein solches Klassenspiel, wenn sich Sport- oder gar Klassenlehrer als Schiedsrichter zur Verfügung stellen.

Schulturniere

Für die Mehrzahl der Schüler stellen Fußballturniere, die viele Schulen im Rahmen eines Schulsporttages, an einem Spielnachmittag oder gar an einem unterrichtsfreien Samstagvormittag, etwa in Verbindung mit einem Schulfest, veranstalten, einen Höhepunkt im Schulalltag dar. In Zusammenarbeit von Schülermitverwaltung (SMV) und Sportlehrern werden diese häufig in Form eines *Kleinfeldturniers* durchgeführt. Teilnehmer sind Klassen- oder Schulstufenmannschaften, die in Siebenermannschaften auf den Sportplatzhälften im Querbetrieb auf Jugendtore (5 m×2 m) spielen. Bei sehr hohen Teilnehmerzahlen kann ein Sportplatz in 4 Spielfelder aufgeteilt werden, auf denen

Abb. 220

Teilnehmende Mannschaften	3	4	5
Anzahl der Spiele*	3	6	10
Spielpaarungen	A:B A:C C:B	A:B C:D A:C B:D A:D B:C	A:B C:D E:A B:C D:E A:C B:D E:C A:D B:E

* Berechnung der Anzahl der Spiele nach folgender Formel:

$\frac{n}{2}(n-1)$

n = teilnehmende Mannschaften

dann 8 Fünfermannschaften gleichzeitig auf Jugend- oder Fähnchentore spielen (siehe „Kurzregeln", S. 86 f.). Bei hohen Teilnehmerzahlen sollte auch stets überlegt werden, eventuell in Gruppenspielen („jeder gegen jeden") eine „Vorrunde" spielen zu lassen.

Anschließend spielen die Gruppenersten und -zweiten in „Halbfinalspielen" über Kreuz die Endspielteilnehmer aus. (Abb. 219) Sollte es die Zeit zulassen, kann außer dem Endspiel auch noch das Spiel um Platz 3 vorgesehen werden. Die Plazierungen der übrigen Mannschaften ergeben sich aus dem jeweiligen Punktestand und der Tordifferenz.

Immer beliebter werden bei Schülern *Hallenfußballturniere* (s. S. 95 ff.). Insbesondere, wenn mit „Bande" (meist nur Seitenbande) gespielt wird, verlangen diese Spiele gutes technisches Können bei teilweise hohen körperlichen Anforderungen. Es muß daher bei

Spiel/Nr.	Spiel-Paarung	Ergebnis	Punkte
1	A:B	0:2	0:2
2	C:D	3:1	2:0
3	A:C	0:4	0:2
4	B:D	1:1	1:1
5	A:D	0:1	0:2
6	B:C	1:2	0:2

Abb. 221

der Planung eines Turniers darauf geachtet werden, daß eine Mannschaft z. B. nicht zweimal hintereinander spielen muß oder zu lange Pausen zwischen ihren Spielen hat. Die nachfolgenden Übersichten sollen u. a. auch unter diesen Gesichtspunkten eine kleine Hilfe bei der *Erstellung von Spielplänen* sein. Sie beziehen sich auf die meistgebräuchliche Turnierform „jeder gegen jeden". (Abb. 220 u. Abb. 221)

Um das Endergebnis eines Turniers möglichst rasch ermitteln zu können, ist es wichtig, daß die Turnierleitung die Spielergebnisse, Gruppen- und Zwischenstände übersichtlich zusammenstellt. Das nachfolgende Beispiel kann dafür ebenfalls von Nutzen sein. (Abb. 222)

Zu guter Letzt: Kein Fußballturnier ohne *Siegerehrung!* Auch wenn die Zeit manchmal noch so knapp sein mag, sollte man es nicht versäumen, alle Mannschaften am Schluß nochmals kurz zusammenzuholen und allen eine kleine Anerkennung (Urkunde o. ä.) zu überreichen.

„Jugend trainiert für Olympia"

Die Durchführung von schulinternen Turnieren kann gar nicht hoch genug eingeschätzt werden. Neben ihrem hohen Beliebtheitsgrad bei den Schülern bieten sie eine ausgezeichnete Möglichkeit der „Sichtung" von talentierten Spielern, z. B. auch im Hinblick auf die Zusammenstellung von Schulfußballmannschaften, die sich mit anderen Schulmannschaften messen wollen. Hierzu bietet der Bundeswettbewerb „Jugend trainiert für Olympia" die beste Möglichkeit. In verschie-

Abb. 222

	Mannschaften				Auswertung		
Mannschaften	A	B	C	D	Tore	Punkte	Platz
A		$0:2_1$	$0:4_3$	$0:1_5$	0:7	0:6	4
B	$2:0_1$		$1:2_6$	$1:1_4$	4:3	3:3	2
C	$4:0_3$	$2:1_6$		$3:1_2$	9:2	6:0	1
D	$1:0_5$	$1:1_4$	$1:3_2$		3:4	3:3	3

dene Wettkampfklassen eingeteilt sowie nach Jungen und Mädchen und nach Schularten getrennt, bietet der Fußball eine vielfältige Ausschreibung:

Jungen

Wettkampf I – für Schüler bis zur Oberstufe (die teilnahmeberechtigten Jahrgänge werden in der alljährlichen Ausschreibung präzise angegeben).

Wettkampf II/1 und II/2* – für Schüler der Mittelstufe, etwa Klassen 9 und 10.

Wettkampf III/1 und III/2* – für Schüler der Mittelstufe, etwa Klassen 7 und 8.

Wettkampf IV/1 und IV/2* – für Schüler der Unterstufe, etwa Klassen 5 und 6.

Wettkampf V – für Schüler der Klassen 1–4 (Der Wettkampf V wird für Grund- und Sonderschulen – Klassen 1–4 durchgeführt. Die Wettkämpfe enden auf der Kreisebene.)

Mädchen

Im Mädchenfußball werden im Rahmen von „Jugend trainiert für Olympia" Wettbewerbe auf Kreisebene ausgetragen. Je nach örtlicher Ausschreibung des zuständigen Kreisbeauftragten wird auf Kleinfeld im Freien (halbes Fußballspielfeld quer) mit Siebenermannschaften gespielt oder in der Halle (mit mindestens 4 Feldspielerinnen und 1 Torwart).

Allgemeine Bestimmungen

1. Gespielt wird nach den Regeln des Deutschen Fußball-Bundes (DFB), sofern in der Schulausschreibung nichts anderes festgelegt ist.
Bezugsquelle: DFB, Otto-Fleck-Schneise 6, 60528 Frankfurt/Main.
2. Die normale Spielzeit beträgt für den Wettkampf I 2×40 Min., für den Wettkampf II 2×35 Min., für den Wettkampf III 2×30 Min., für den Wettkampf IV 2×25 Min. Bei Turnierbegegnungen darf bei mehreren Spielen an einem Tag die Gesamtspielzeit in Wettkampf II von 90 Min. und im Wettkampf III von 80 Min. nicht überschritten werden (WK I: 110 Min., WK IV: 70 Min.).
3. Für die Plazierung bei Gruppenspielen gelten folgende Kriterien in nachstehender Reihenfolge:
a) Punktverhältnis
b) Tordifferenz
c) bei gleicher Tordifferenz höhere Anzahl der erzielten Tore
d) Ergebnis aus dem Direktvergleich der punkt- und torgleichen Mannschaften
e) Elfmeterschießen
Enden Entscheidungsspiele unentschieden, so werden sie im Wettkampf I um 2×10 Min., in den anderen Wettkämpfen um 2×5 Min. verlängert.
Fällt auch dann keine Entscheidung, so wird die Siegermannschaft durch Elfmeterschießen gemäß den DFB-Bestimmungen ermittelt.
4. Eine Mannschaft besteht einschließlich der Ersatzspieler aus maximal 15 Spielern. In allen Spielen können in den WK I–III zwei Spieler ausgetauscht, in den WK IV und V bis zu vier Spieler ein- und ausgewechselt werden.
5. Die Wettbewerbe der Wettkampfklassen II und III werden bis zum Bundesfinale durchgeführt. Der Wettbewerb in der Wettbewerbsklasse I wird bis zum Landesfinale, und der Wettbewerb in der Wettkampfklasse IV wird bis zum Oberschulamtsfinale durchgeführt.
6. Für die Landesfinalwettbewerbe qualifizieren sich in den Wettkampfklassen I, II und III jeweils die Oberschulamtsmeister.

---

* Wettkampf II/1, III/1 und IV/1 für Gymnasien, Realschulen, Gesamtschulen und sonstige kombinierte Schulen,
Wettkampf II/2, III/2 und IV/2 für Grund-, Haupt- und Sonderschulen.

7. **Hinweis:** Auf allen Wettkampfebenen muß jede Mannschaft von einer Lehrkraft oder von einer von der Schulleitung beauftragten volljährigen Person betreut werden.

Hinweis allgemein: Nach der Eingliederung der neuen Bundesländer werden die Bestimmungen für „Jugend trainiert ..." derzeit überarbeitet.

Kooperation Schule und Sportverein

Die Notwendigkeit zur Zusammenarbeit von Schule und Sportverein leitet sich unmittelbar vom Erziehungs- und Bildungsauftrag des Faches Sport ab, der in den Lehrplänen verankert ist. Wenn die Vorbereitung auf den außerschulischen Sport und die Hinführung zum lebenslangen Sporttreiben ein wesentliches Ziel des Schulsports sein sollen, dann ist die Brückenfunktion der Kooperation mit einem Sportverein äußerst willkommen.

– Die Schulen haben ein Interesse daran, daß ihre Schüler die Sportvereine am Schulort kennenlernen. Die Schüler können dort, aufbauend auf das schulische Angebot, ihr Können weiterentwickeln und gefördert werden. Sie können dort aber auch Sportarten kennenlernen und betreiben, die in der Schule nicht angeboten werden.
– Die Vereine profitieren von der Möglichkeit, in der Schule Kontakt mit Kindern und Jugendlichen zu bekommen, denen sie ihr Angebot präsentieren können.

Welche *konkreten Möglichkeiten der Zusammenarbeit* bieten sich dem *Fußball* an?

Die Kooperation von Schule und Verein kann auf den unterschiedlichsten Ebenen und mit unterschiedlicher Schwerpunktsetzung und Beteiligung erfolgen. So ist das *Klassenspiel*, das in Absprache mit dem Verein auf dessen Platz stattfindet und möglicherweise von einem Vereinsmitglied/Spieler gepfiffen wird, ebenso ein Beispiel für konkrete Zusammenarbeit wie das *Turnier für Schulmannschaften*, das der Verein an einem schulfreien Samstag für alle Schulen am Ort ausschreibt und organisiert. Neben diesen eher punktuellen Kooperationsformen kann ein Übungsleiter/Trainer des Vereins aber auch längerfristig an einer Schule nebenberuflich tätig sein. Als Leiter einer ganzjährigen *Arbeitsgemeinschaft* Fußball kann er z. B. gezielt Fußballmannschaften vorbereiten und betreuen, die sich am Wettbewerb „Jugend trainiert ..." beteiligen. Nicht wenige fußballtalentierte Schüler haben so den Weg in eine entsprechende Vereinsmannschaft gefunden.

Waren diese Kooperationen zwischen Schulen und Sportvereinen früher eher zufällig und durch Einzelaktivitäten entstanden, so zeichnet sich heute ein bewußt geplanter und organisierter Ausbau der Beziehungen von Schule und Sportverein ab. Baden-Württemberg läßt sich z. B. diese Aktion alljährlich rund 2,5 Mio. kosten. Als erstes Land in der Bundesrepublik hat es, zusammen mit der Sportselbstverwaltung, im Schuljahr 1987/88 eine neue Konzeption zur Förderung und Vertiefung dieser Zusammenarbeit vorgelegt.

An jeder einzelnen Schule wurde ein *Ansprechpartner für den Verein* benannt, der unterstützt und beraten wird von mehr als *90 Regionalbetreuern*, die auf der Ebene der Staatlichen Schulämter tätig sind, aus allen Schularten kommen und flächendeckend wirken sollen. An jedem Schulamt werden diese Aktivitäten von einem *Sportschulrat* koordiniert. Die Sportselbstverwaltung bestellte ihrerseits, in jedem Kreis, Sportkoordinatoren, die *Ansprechpartner für die Schulen* sein sollen. In einigen Jahren soll jede Schule des Landes mit einem Verein zusammenarbeiten, was flächendeckend etwa 4000 Kooperationen ergeben würde. (Vgl. hierzu die Broschüre des Ministeriums für Kultus und Sport, Baden-Württemberg, „Im Sport vereint".)

Literaturverzeichnis

Das nachfolgende Literaturverzeichnis gibt – ohne Anspruch auf Vollständigkeit – über die üblichen Quellenhinweise hinaus einen Überblick über Buchpublikationen zu den verschiedenen im Buch behandelten Themenbereichen.

a) Fußball

BAUER, G.: Lehrbuch Fußball. Erfolgreiches Training von Technik, Taktik und Kondition. München–Wien–Zürich 1990.

BAUER, G.: richtig fußballspielen. München–Wien–Zürich 1990[5].

BENEDEK, E. (bearb. v. KOCH, W.): Fußballtraining mit Kindern. Berlin 1987.

BENEDEK, E./PALFAI, J.: Fußball – 600 Übungen. Berlin 1989[3].

BISANZ, G./GERISCH, G.: Mini-Fußball. Berlin 1979.

BISANZ, G./GERISCH, G.: Fußball. Reinbek bei Hamburg 1988[2].

BISHOPS, G./GERARDS, K.: Tips für Spiele mit dem Fußball. Aachen 1989.

BRÜGGEMANN, D.: Fußball-Handbuch 2 – Kinder- und Jugendtraining. Schorndorf 1989.

BRÜGGEMANN, D./ALBRECHT, D.: Fußball-Handbuch 1 – Modernes Fußballtraining. Schorndorf 1988[2].

BRÜGGEMANN, D./ALBRECHT, D.: Schulfußball – spielen – lernen – mitgestalten. Schorndorf 1986.

BRUGGMANN, B. (Red.): 1009 Spiel- und Übungsformen im Fußball. Schorndorf 1990[3].

BRUGGMANN, B.: 766 Spiel- und Übungsformen für den Fußball-Torhüter. Schorndorf 1988.

COERVER, W.: Fußballtechnik. München–Wien–Zürich 1984.

DEUTSCHER FUSSBALL-BUND (Hg.): Fußball-Lehrplan 2: Kinder- und Jugendtraining. Grundlagen. München–Wien–Zürich 1985.

DEUTSCHER FUSSBALL-BUND (Hg.): Fußball-Lehrplan 3: Jugendtraining. Aufbau und Leitung. München–Wien–Zürich 1987.

DIETRICH, K.: Fußball – spielgemäß lernen–spielgemäß üben. Schorndorf 1984[6].

GESSMANN, R./ZIMMERMANN, H./WEISS, H. (Hg.): Sport – Sekundarstufe II: Fußball. Düsseldorf 1985.

HAMSEN, G./DANIEL, J.: Fußball-Jugendtraining. Reinbek bei Hamburg 1990.

HARGITAY, G.: Modernes Torwarttraining Fußball. Berlin 1985[2].

HEDDERGOTT, K.-H.: Neue Fußball-Lehre. Bad Homburg 1980[7].

HOEK, F.: Torwarttraining. München–Wien–Zürich 1990.

KOCH, W./KRAUSPE, D. u. a.: Fußball – Trainingsprogramme für die C-Jugend. Berlin 1991.

KOCH, W./WERNER, A. u. a.: Fußball – Trainingsprogramme für die D-Jugend. Berlin 1990.

KOCH, W./WÖLK, H. u. a.: Fußball – Trainingsprogramme für die E-Jugend. Berlin 1990.

KOLLATH, E.: Fußballtechnik in der Praxis. Aachen 1991.

KONZAG, I./DÖBLER, H./HERZOG, H.-D.: Fußball spielend trainieren. Das komplette Übungsprogramm. Berlin 1991.

LAMMICH, G./KADOW, H.: Spiele für das Fußballtraining. Berlin 1982[5].

MAIER, S.: Super-Torwart-Training. Niederhausen 1990.

ROGALSKI, N./DEGEL, E. G.: Fußball – Schülersport. Berlin 1982[5].

THISSEN, G./RÖLLGEN, K.: Torwartspiel im Fußball. 204 Trainingsformen zur Schulung der Technik, Taktik und Kondition. Böblingen 1984.

WENZLAFF, F.: 100 Spiele mit Fußball und Medizinball. Fußballtraining. Bad Homburg 1986.
WÜRTTEMBERGISCHER FUSSBALLVERBAND (Hg.): Fußball-Praxis. 1. Teil: Technik und Taktik. Stuttgart 1984[16].
WÜRTTEMBERGISCHER FUSSBALLVERBAND (Hg.): Fußball-Praxis. 3. Teil: Jugendtraining I. Stuttgart 1986[3].
WÜRTTEMBERGISCHER FUSSBALLVERBAND (Hg.): Fußball-Praxis. 4. Teil: Jugendtraining II. Stuttgart 1985[2].
WÜRTTEMBERGISCHER FUSSBALLVERBAND (Hg.): Kindgerechtes Fußballtraining. Stuttgart 1990.
WÜRTTEMBERGISCHER FUSSBALLVERBAND (Hg.): WFV-Jugendleiter-Lizenz. Stuttgart 1988.

ZIEGELITZ, M.: Fußball in einem 7. Schuljahr. Schorndorf 1979.

b) Kleine Spiele

BISHOPS, G./GERARDS, K.: Tips für Sportspiele. Aachen 1987.
BISHOPS, G./GERARDS, K.: Tips für neue Wettkampfspiele. Aachen 1990.
BRINCKMANN, A./TREESS, U.: Bewegungsspiele. Reinbek bei Hamburg 1980.

DEUTSCHER FUSSBALL-BUND (Hg.): Mit kleinen Spielen zum großen Spiel. Frankfurt a. M. 1983[4].
DÖBLER, E./DÖBLER, H.: Kleine Spiele. Berlin 1987[16].

KERKMANN, K./KOCH, K. (Mitarb.): Kleine Parteispiele. Schorndorf 1979[2].
KERKMANN, K./KOCH, K. (Mitarb.): Wir spielen in der Grundschule, Schorndorf 1990[7].
KOCH, K.: Kleine Sportspiele. Schorndorf 1991[7].
KONZAG, I./KONZAG, G.: Übungsformen für die Sportspiele. Berlin 1979.

LÖSCHER, A.: Kleine Spiele für viele. Berlin 1989[6].

RAMMLER, H./ZÖLLER, H.: Kleine Spiele – wozu? Wiesbaden 1988[2].

STEMPER, TH./SCHÖTTLER, B./LAGERSTØM, D.: Fit durch Bewegungsspiele. Erlangen 1983.

c) Aufwärmen/Gymnastik/Stretching

ANDERSON, B.: Stretching. Waldeck-Dehringshausen 1982.

BLUM, B./WÖLLZENMÜLLER, F.: Stretching. Bessere Leistungen in allen Sportarten. Oberhaching 1990[5].
BRUGGER, L./SCHMID, A./BUCHER, W. (Red.): 1000 Spiel- und Übungsformen zum Aufwärmen. Schorndorf 1988.

FREIWALD, J.: Aufwärmen im Sport. Reinbek bei Hamburg 1991.

GROOS, E./ROTHMAIER, D.: Ausdauergymnastik. Reinbek bei Hamburg 1991.

KNEBEL, K.-P.: Funktionsgymnastik. Reinbek bei Hamburg 1990.
KNEBEL, K.-P./HERBECK, B./HAMSEN, G.: Fußball-Funktionsgymnastik. Reinbek bei Hamburg 1988.

LENHART, P./SEIBERT, W.: Funktionelles Bewegungstraining. Muskuläre Dysbalancen erkennen, beseitigen und vermeiden. Oberhaching 1991.

MAEHL, O./HÖHNKE, O.: Beweglichkeitstraining. Ahrensburg 1986.

MAEHL, O./HÖHNKE, O.: Aufwärmen. Ahrensburg 1988.

PREIBSCH, M./REICHARDT, H.: Schongymnastik. München – Wien – Zürich 1989.

SÖVERBORN, S. A.: Das Buch vom Stretching. München 1983.
SPRING, H. u.a.: Dehn- und Kräftigungsgymnastik. Stuttgart 1986.

d) Kondition/Konditionstraining

AUSTE, N.: Konditionstraining Fußball. Reinbek bei Hamburg 1990.

EHLENZ, H./GROSSER, M./ZIMMERMANN, E.: Krafttraining. Grundlagen – Methoden – Übungen – Trainingsprogramme. München – Wien – Zürich 1991[4].

GROSSER, M.: Schnelligkeitstraining. Grundlagen – Methoden – Leistungssteuerung – Programme. München – Wien – Zürich 1990.
GROSSER, M./EHLENZ, H./ZIMMERMANN, E.: richtig muskeltraining. Grundlagen und Trainingsprogramme. München – Wien – Zürich 1990[4].
GROSSER, M./STARISCHKA, St./ZIMMERMANN, E.: Konditionstraining. Theorie und Praxis aller Sportarten. München – Wien – Zürich 1989[5].

GROSSER, M./STARISCHKA, St./ZIMMERMANN, E.: Konditionstests. Theorie und Praxis aller Sportarten. München – Wien – Zürich 1987[4].

HOLLMANN, W./HETTINGER, Th.: Sportmedizin – Arbeits- und Trainingsgrundlagen. Stuttgart – New York 1990[3].

JONATH, U.: Lexikon Trainingslehre. Reinbek bei Hamburg 1988.

JONATH, U./KREMPEL, R.: Konditionstraining. Reinbek bei Hamburg 1980.

MÜHLFRIEDEL, B.: Trainingslehre. Frankfurt a. M. – Aarau 1987[3].

NEUMAIER, A./ZIMMERMANN, E.: richtig konditionsgymnastik. München – Wien – Zürich 1989[3].

WEINECK, J.: Optimales Training. Erlangen 1990[7].

WÜRTTEMBERGISCHER FUSSBALLVERBAND (Hg.): Fußball-Praxis. 2. Teil: Konditionstraining. Stuttgart 1984[12].

ZINTL, F.: Ausdauertraining. Grundlagen, Methoden, Trainingssteuerung. München – Wien – Zürich 1990[2].

e) Regeln

DEUTSCHER FUSSBALL-BUND (Hg.): Amtliche Fußballregeln 1990/91. Frankfurt a. M. 1990.

DEUTSCHER FUSSBALL-BUND (Hg.): Kurzregeln für Schule und Verein. Frankfurt a. M. 1980[2].

EBERSBERGER, H./MALKA, J./POHLER, R.: Schiedsrichter im Fußball. Wiesbaden 1989[2].

f) Verschiedenes

GRUPE, O (Hg.): SPORT-Theorie in der gymnasialen Oberstufe. Band 1: Sportartübergreifende Beiträge. Schorndorf 1988[2].

MINISTERIUM FÜR KULTUS UND SPORT IN BADEN-WÜRTTEMBERG (Hg.): Bildungspläne Sport für die allgemeinbildenden Schulen (LPH 5–8: Grund-, Haupt-, Realschule und Gymnasium). Stuttgart 1984.

MINISTERIUM FÜR KULTUS UND SPORT IN BADEN-WÜRTTEMBERG (Hg.): Im Sport vereint (Broschüre). Stuttgart 1988.

MINISTERIUM FÜR KULTUS UND SPORT IN BADEN-WÜRTTEMBERG (Hg.): Schulsportwettbewerbe Schuljahr 1989/90 (Broschüre). Stuttgart 1989.